Ser como Jesús
Cómo cultivar el fruto del Espíritu

Christopher J. H. Wright

SER COMO JESÚS

Cómo cultivar el fruto del Espíritu

SERIE RECURSOS LANGHAM PREDICACIÓN

Ediciones puma

Ser como Jesús
Cómo cultivar el fruto del Espíritu
Christopher J. H. Wright

Título original en inglés: Becoming Like Jesus: Cultivating the Fruit of the Spirit
Langham Preaching Resources, Carlisle, Cumbria, United Kingdom
© 2016 Christopher J. H. Wright
© 2016 Langham Preaching Resources

© 2020 Centro de Investigaciones y Publicaciones (CENIP) – Ediciones Puma
Hecho el Depósito Legal en la Biblioteca Nacional del Perú N° 2020-08671
Primera edición, versión impresa: diciembre 2020
ISBN N° 978-612-4252-83-9

Categoría: Religión - Estudios bíblicos - Nuevo Testamento

Primera edición, versión digital: diciembre 2020
ISBN N° 978-612-4252-85-3

Editado por:
© 2020 Centro de Investigaciones y Publicaciones (CENIP) – Ediciones Puma
Av. 28 de Julio 314, Int. G, Jesús María, Lima
Apartado postal: 11-168, Lima - Perú
Telf.: (511) 423–2772
E-mail: administracion@edicionespuma.org
ventas@edicionespuma.org
Web: www.edicionespuma.org
Ediciones Puma es un programa del Centro de Investigaciones y Publicaciones (CENIP)

Traductor: Sara Deik
Editores: Jim Breneman y Alejandro Pimentel
Diseño de carátula: Eliezer D. Castillo P.
Diagramación: Hansel J. Huaynate Ventocilla

Dedicado
a mi esposa Liz
y a todos los hijos y nietos
que Dios nos ha dado
Que nuestro objetivo común sea
«ser cada vez más como Jesús»

Contenido

Prólogo

El gran maestro y expositor bíblico John Stott era un discípulo de Cristo que cultivaba con mucho esmero su vida espiritual, día tras día. Como parte de su disciplina espiritual oraba regularmente usando la enseñanza del apóstol Pablo en el capítulo 5 de la Epístola a los Gálatas, acerca del fruto del Espíritu Santo en la vida del creyente. Como se sabe, uno de los legados de Stott a los evangélicos de todo el mundo es el programa Langham, que busca mantener y elevar la calidad de la predicación evangélica.

El biblista y educador teológico Chris Wright nos cuenta en este libro que los encargados de Langham decidieron promover un programa de formación espiritual basado en el cultivo y la promoción de los dones del Espíritu Santo que el apóstol nos ofrece en la Epístola a los Gálatas. Este libro de Wright, que ahora Ediciones Puma nos presenta en castellano, ha sido una herramienta fundamental para ese programa que Langham sigue promoviendo en diferentes partes del mundo.

En este libro Wright aplica su sabiduría de experto en la Biblia en forma didáctica y pastoral para el lector de hoy. Las iglesias evangélicas en el mundo de habla hispana tienen que llevar adelante su misión en una sociedad que va cambiando, tanto en España como en América Latina. Ese es el *contexto* cambiante en el cual nos toca proclamar con fidelidad, claridad y consistencia el *texto* de la Palabra de Dios. Este libro será de gran ayuda en esa tarea. Es el tipo de libro que puede usarse como texto de estudio en la Escuela Dominical, o en programas juveniles, o en el estudio bíblico regular de las iglesias.

Al igual que otros libros de Wright, que ya tenemos en lengua castellana, éste nos permite apreciar la riqueza y profundidad del texto bíblico presentada sistemáticamente. Wright es un maestro de la comunicación y puede llevarnos a la profundidad del texto sin caer en un estilo erudito pero difícil de entender. Además, la habilidad pastoral de Wright lo lleva a plantear aplicaciones que son posibles en nuestro contexto. Yo mismo necesito la lectura disciplinada de material bíblico como el libro de Gálatas y espero poder usar este libro para enseñar cursos en iglesias y escuelas bíblicas con las cuales estoy relacionado. Bienvenido este libro magistral y mi gratitud profunda a Ediciones Puma por ponerlo al alcance de nuestro pueblo evangélico de habla hispana.

Samuel Escobar
Valencia, España
noviembre de 2019

Prefacio

Durante varios años, el sistema de salud británico dirigió una campaña de concientización sobre la importancia de incluir una buena cantidad de frutas y verduras para lograr una dieta saludable. Recomendaron que todos debían ingerir al menos cinco porciones de frutas o verduras en sus comidas diarias. La campaña se conoció popularmente como «Cinco al día». «¿Ya comiste tus cinco al día?», se solían preguntar unos a otros.

En 2013, la Sociedad Langham del Reino Unido e Irlanda, bajo la dirección de nuestro director ejecutivo, Ian Buchanan, lanzó una campaña a fin de alentar a que las personas logren ser cada vez más como Cristo. La visión de Langham es que los cristianos y las iglesias por todo el mundo crezcan no solo numéricamente por medio de la evangelización, sino que la profundidad de su madurez espiritual también logre crecer. Lo cual significa que se logre ser cada vez más como Jesús. Creemos que crecer en madurez se produce cuando nos alimentamos de la palabra de Dios, y en particular cuando esta palabra se predica con fidelidad y claridad con el fin de que produzca un impacto relevante en las vidas y los contextos de la gente. Es por ello que uno de los objetivos principales de Langham es mejorar el nivel de la predicación bíblica.

Se decidió que el contenido principal de la campaña consistiría en una serie de estudios bíblicos y videos sobre el fruto del Espíritu en Gálatas 5.22–23. Se llegó a esta decisión, en parte, porque sabíamos que John Stott, fundador de la Sociedad Langham, oraba todas las mañanas, pidiendo a Dios Espíritu Santo, que permitiera que el fruto del Espíritu madurase en su propia vida. Entonces, ya que Pablo enumera nueve elementos en su descripción del fruto del Espíritu, a Jonathan Lamb (quien era en ese momento el director de Langham Predicación) se le ocurrió la idea de llamar a nuestra campaña «Nueve al día: Ser como Jesús». Cada día deberíamos seguir cultivando estas nueve cualidades que conforman el fruto del Espíritu, así como deberíamos asegurarnos de comer cinco porciones de frutas o verduras todos los días.

En preparación para esa campaña, me comprometí a predicar una serie de exposiciones bíblicas sobre el fruto del Espíritu en la Convención de Portstewart Keswick en Irlanda del Norte (mi tierra natal) en julio de 2012. De aquellas exposiciones surgieron las breves y condensadas charlas que grabamos en video para la campaña «9 al día», y esas mismas exposiciones proveen el material básico para los capítulos de este libro. Así que lo que aparece en las siguientes páginas tuvo originalmente el formato de ponencia, y no he intentado cambiar o disimular ese estilo de comunicación al ponerlas por escrito.

El origen oral de este material nos conduce a otras dos observaciones. Primera, esta clase de libro se debe realmente leer con la Biblia a mano. En cada capítulo, he explorado algo de la profundidad y la amplitud del contexto bíblico de cada una de las palabras que el apóstol Pablo usa para describir el fruto del Espíritu. Así que habrá bastante exploración bíblica a medida que avancemos, y espero que sea una experiencia enriquecedora y alentadora.

Segundo, ya que espero que este libro sea útil para otros predicadores (como también para lectores cristianos en general), no he incluido a propósito muchas ilustraciones e historias. Eso puede parecer extraño ya que los sermones necesitan ilustraciones adecuadas que nos ayuden a enfatizar los puntos principales y lograr que los oyentes los recuerden. Y ciertamente cada uno de los elementos del fruto del Espíritu podría ilustrarse abundantemente con ejemplos e historias. Pero un elemento crucial de toda buena predicación es que no solo debe ser fiel al texto bíblico; también debe ser pertinente para el contexto local del predicador y sus oyentes. Por eso, dudé de sumar ejemplos extraídos de mi propio contexto en el Reino Unido. En cambio, he utilizado muchos ejemplos de historias y personajes bíblicos (especialmente de su personaje principal —Dios mismo, tal como se revela a sí mismo en el Antiguo Testamento y en la persona de Jesucristo). Es, entonces, la responsabilidad de cada predicador que quiera usar este libro como recurso para su propia predicación, pensar en ejemplos extraídos de su propia cultura y contexto, y así ilustrar y aplicar el desafío bíblico del fruto del Espíritu de una manera que involucre e impacte los corazones, mentes y vidas de su propia gente. Las preguntas al final de cada capítulo tienen el propósito de facilitar este proceso, y pueden servir también como preguntas iniciales para un estudio bíblico grupal de cada tema.

Chris Wright
Director de Ministerios Internacionales
Sociedad Langham
Junio de 2015

Introducción

Esta fue la oración que John Stott hacía todos los días cuando se despertaba por la mañana. No debería sorprendernos, entonces, que muchas personas que conocieron a John Stott personalmente, decían que era la persona más parecida a Cristo que conocieron. Dios respondió a su oración diaria haciendo que el fruto del Espíritu madurara en su vida. Y lo que hace el Espíritu de Dios, sobre todo, es hacer que quienes ponen su fe en Jesús se parezcan cada vez más al Jesús que aman, en quien confían y a quien siguen. De hecho, podríamos decir que el fruto del Espíritu en Gálatas 5.22-23, con sus nueve cualidades, forma una bella imagen de Jesús. Porque Jesús ciertamente estaba lleno del Espíritu de Dios, y es Cristo quien mora en nosotros por medio del Espíritu. Entonces, cuanto más llenos estemos del Espíritu de Dios, y mientras el Espíritu más madure su fruto dentro de nosotros, más seremos como Cristo.

Esa también fue la oración del apóstol Pablo. No sabemos si, como John Stott, recitaba una oración así para sí mismo todos los días, pero ciertamente era lo que ansiaba ver en las vidas de todos a los que había llevado a la fe en Cristo. Pablo se sentía como una madre para los creyentes de Gálatas, «por quienes», dijo, «vuelvo a sufrir dolores de parto hasta que *Cristo sea formado en ustedes*» (Gá 4.19; las cursivas son mías). Pablo anhelaba que los creyentes cristianos estuvieran tan llenos del Espíritu Santo que en realidad Cristo mismo moldearía sus vidas desde adentro hacia afuera. Y es exactamente eso lo que Pablo quiere decir cuando habla del fruto del Espíritu en el capítulo 5 de Gálatas.

Pero ya que estos famosos versículos acerca el Espíritu Santo están en Gálatas 5, necesitamos retroceder un poco y ver algo del contexto respecto a lo que Pablo dice allí. Entonces podremos ver que su hermosa imagen del fruto forma un claro contraste con otras dos cosas que son mucho menos atractivas —dos cosas que los seguidores de Jesús deberían rechazar completamente. Volveremos a eso en un minuto. Pero, primeramente, sería bueno asegurarnos de tener una Biblia a mano para que juntos podamos ver algunos pasajes bíblicos.

Pablo había sido enviado por la iglesia en Antioquía a predicar las buenas nuevas de Jesús entre los gentiles (no judíos) en las provincias de Asia Menor (la actual Turquía). Leemos la historia en Hechos 13–14. Personas de varios pueblos de la región de Galicia habían respondido a la predicación de Pablo. Se habían convertido en creyentes de Jesús de Nazaret y lo reconocían como Señor y Salvador, como aquel que Dios había prometido en las escrituras del Antiguo Testamento (que Pablo habría tenido que explicar, ya que estas personas no eran judías y no sabían nada respecto al «Antiguo Testamento»). Es claro que Pablo les enseñó acerca del Dios de Israel y de esa gran promesa que le había hecho a Abraham. Dios había prometido a Abraham que por medio de él y sus descendientes «todas las naciones en la tierra» serían bendecidas (Gn 12.1-3). Sabemos que Pablo les había enseñado a los nuevos conversos sobre estas grandes promesas bíblicas, porque se refiere a ellas muy claramente en su carta, aquella carta que conocemos como «la Epístola a los Gálatas». Pablo les aseguró a los creyentes de Galicia que, al poner su fe en el Mesías, Jesús, de hecho, se habían convertido en parte del pueblo de Dios. Ahora ellos también eran hijos de Abraham —no porque se habían convertido en judíos (cultural o étnicamente, o por conversión proselitista), sino porque se habían convertido en hijos de Dios, adoptados en la familia de Dios por la gracia de Dios y mediante la fe en Jesús el Mesías. Aunque eran gentiles, ahora se habían convertido en parte del pueblo del pacto de Dios. Ellos ahora estaban incluidos entre la simiente espiritual de Abraham. En esencia, Pablo les dice: si están en Cristo, entonces están en Abraham, y las promesas de Dios son para ustedes.

Así es como lo explica:

> Por lo tanto, sepan que los descendientes de Abraham son aquellos que viven por la fe. En efecto, la Escritura, habiendo previsto que Dios justificaría por la fe a las naciones, anunció de antemano el evangelio a Abraham: «Por medio de ti serán bendecidas todas las naciones». Así que los que viven por la fe son bendecidos junto con Abraham, el hombre de fe…
>
> Todos ustedes son hijos de Dios mediante la fe en Cristo Jesús[1], porque todos los que han sido bautizados en Cristo se han revestido de Cristo. Ya no hay judío ni griego, esclavo ni libre, hombre ni mujer, sino que todos ustedes son uno solo en Cristo Jesús. Y, si ustedes pertenecen a Cristo, son la descendencia de Abraham y herederos según la promesa (*Gá 3.7-9, 26-29*).

Eso es lo que Pablo les había enseñado, y es lo que les recuerda en esta carta.

Pero algo ocurrió.

Desde que Pablo trajo inicialmente a los gálatas a la fe en Jesús y plantó una iglesia entre ellos, otros habían llegado con un mensaje diferente. Eran judíos, como Pablo mismo. Y probablemente también eran creyentes en Jesús —como las personas de las que leemos en Hechos 15.5, que antes habían sido fariseos (también como Pablo).

---

[1] Cuando Pablo invierte el orden normal «Jesucristo» y escribe «Cristo Jesús», es porque quiere enfatizar que «Cristo» no es solo un apellido. Es la traducción griega de la palabra hebrea «mesías», el ungido. Entonces, a veces, para ayudar a que este punto sea claro, es bueno traducir «Cristo Jesús» como «el Mesías Jesús» para resaltar toda la fuerza de lo que Pablo quiere comunicar al conectar a Jesús con las grandes promesas del Antiguo Testamento. Jesús, como Mesías, es quien personifica y representa a Israel como su rey, Señor, y salvador. Así, cuando pertenecemos al Mesías (es decir, cuando estamos «en Cristo»), pertenecemos al pueblo de Dios.

Pero, a diferencia de Pablo, pensaban que no era suficiente que estos gentiles depositaran su fe en Jesús. No, ellos decían que si estos gentiles querían las bendiciones de las promesas que Dios le había hecho a Abraham, entonces debían unirse al pueblo de Abraham convirtiéndose en judíos prosélitos. Los prosélitos era gentiles que se convertían a la fe judía circuncidándose y cumpliendo con la ley de Moisés, incluyendo especialmente las leyes relacionadas con el *sabbat* y con el consumo exclusivo de alimentos considerados limpios según las costumbres judías. Entonces, estos otros maestros intentaban persuadir a los creyentes gálatas que, además de depositar su fe en Jesucristo, debían convertirse en judíos, circuncidándose y cumpliendo con la ley de la *Torá*.

Pablo reacciona con mucha vehemencia. A lo largo de los primeros cuatro capítulos de su carta, insiste en que Cristo es lo único que necesitan. Nuestra salvación proviene por medio de la fe en la promesa de Dios, tal como sucedió con Abraham. La ley de Moisés funcionaba de manera adecuada y correcta para el pueblo de Israel del Antiguo Testamento durante esa era anterior a Cristo. Pero ahora que el Mesías ha venido, el camino ha sido abierto para que personas de *cualquier* nación logren la bendición de Abraham mediante la fe en el Mesías Jesús. Por ello, todos los que confían en Cristo —ya sean judíos o gentiles— no tienen la obligación de vivir bajo la autoridad disciplinaria de la ley del Antiguo Testamento. Más bien, deberían vivir sus vidas en libertad, viviendo para Dios, con Cristo morando de ellos, y «caminando» con la guía del Espíritu.

¿Pero ello no llevaría a la permisividad moral? Es decir, si las personas no están contenidas por la ley de Moisés, ¿qué impide que todos estos nuevos gentiles hagan lo que les dé la gana y, por ende, vuelvan a caer en su inmoralidad pagana. No, dice Pablo. Esa es una falsa polarización entre dos extremos. Estos son los dos peligros a los que nos referimos más arriba, y que ahora podemos nombrar —los extremos del legalismo por un lado y del libertinaje por el otro.

Ahora bien, es importante darnos cuenta de que la ley del Antiguo Testamento no era, en sí misma, de carácter legalista. Al contrario, estaba fundada sobre la gracia de Dios, que el pueblo recibió luego de que Dios los rescatara de Egipto. Pero fácilmente podía torcerse hacia una manera bastante legalista de pensar. Aquellos que insistían en que los cristianos también debían cumplir con la *Torá,* decían que lo que realmente importaba era que uno cumpliera con las leyes y las regulaciones de la ley (especialmente la circuncisión, el *sabbat* y las reglas de alimentación) —como una especie de verificación de la identidad étnica y afiliación en el pacto, como credencial para demostrar que uno estaba entre los justos, que pertenecía al pueblo de Dios y era un verdadero judío en todo el sentido de la palabra (como Pablo había dicho de sí mismo en Fil 3.4-6).

Pero la respuesta a aquella tergiversada insistencia en la ley no es irse al otro extremo y pensar que, ya que no estamos «bajo la ley», podemos hacer lo que nos da la gana y satisfacer cualquier deseo que tengamos. El legalismo es un extremo (mantener todas las reglas) y el libertinaje es el otro (rechazar cualquier regla): los dos ofrecen respuestas completamente equivocadas a la pregunta: ¿Cómo debe vivir un cristiano?

Es sorprendente que estos dos extremos y peligros todavía se encuentran en la iglesia hoy en día. Por un lado, hay algunos cristianos y algunas iglesias que son muy legalistas. Resaltan la importancia de obedecer todas las reglas. Insisten en que uno debe hacer tal cosa y jamás la otra si es que quiere demostrar que realmente es cristiano. Les encanta que todo sea estricto y claro, y por lo general tienen muy poca simpatía hacia aquellos que no pueden o no quieren adecuarse. Su actitud pareciera ser: «Si no puedes obedecer nuestras reglas, no eres de los nuestros». Por otro lado, y a menudo en reacción a ese tipo de legalismo, hay quienes rechazan toda idea de reglas o tradiciones en la iglesia. Todo el sentido de la fe cristiana, como ellos lo ven, es liberarnos de la carga religiosa institucionalizada. «¡Dios nos ama, así como somos!», dicen, y no tienen lugar para conceptos como disciplina y obediencia. Esto puede llevarlos hacia tentaciones y conductas inmorales y pueden terminar viviendo y pensando de las mismas maneras que el mundo que los rodea.

Al parecer, oscilamos entre los que quieren que todos cumplan las reglas y los que rechazan todo tipo de reglas. Pero se trata de una polaridad completamente equivocada y falsa. Pablo se enfrenta con ello en Gálatas 5 y nos muestra un camino mucho mejor —la manera verdaderamente cristiana de vivir nuestra vida— el camino del Espíritu de Dios que nos ha sido dado por medio de Cristo.

Ahora sería realmente útil que tengamos nuestras Biblias abierta en Gálatas 5 para seguir el bosquejo del argumento de Pablo.

Primeramente, Pablo está de acuerdo en que ¡efectivamente!, el evangelio de Cristo nos ha liberado. Así que les pide a los gálatas que no se dejen influenciar por aquellos que quieren imponerles toda la ley del Antiguo Testamento, a fin de que basen su justicia en esa ley —por haber adquirido la identidad judía. «Cristo nos liberó para que vivamos en libertad. Por lo tanto, manténganse firmes y no se sometan nuevamente al yugo de esclavitud» (5.1).

Como habían confiado en el Mesías Jesús, no importaba si estaban circuncidados o no; lo que importaba era que su fe era real y que ellos demostraban esa realidad mediante su amor: «En Cristo Jesús de nada vale estar o no estar circuncidados; lo que vale es la fe que actúa mediante el amor» (5.6).

Pero inmediatamente después, Pablo insiste en que ser «libre» no significa libertad para complacer «a «la carne». En los escritos de Pablo, «la carne» no significa simplemente nuestros cuerpos físicos; en realidad es una forma abreviada con la que se refiere a nuestra naturaleza humana caída y pecaminosa (que, obviamente, incluye nuestros cuerpos, pero también abarca nuestros pensamientos, emociones, voluntad, deseos, sentimientos, etc.). «Les hablo así, hermanos, porque ustedes han sido llamados a ser libres; pero no se valgan de esa libertad para dar rienda suelta a sus pasiones. Más bien sírvanse unos a otros con amor» (5.13).

¿Vieron la doble referencia al amor al final de los versículos, 6 y 13 (y otra vez más en el versículo 14)? El amor es la respuesta frente al legalismo y al libertinaje.

- A los que buscan imponer el cumplimiento de la ley, Pablo dice que lo que realmente importa es la «fe que se expresa mediante *el amor*». El amor nos permite cumplir la ley de Dios de la manera correcta, sin legalismo.
- Y a los que rechazan las reglas, Pablo dice que debemos asegurarnos de servirnos, con humildad, «unos a otros *con amor*». El amor nos permite usar nuestra libertad de la manera correcta y sin egoísmo.

Permítanme ampliar ambos puntos. Por un lado, el amor del uno por el otro es la manera correcta de responder obediente y fielmente a la ley de Dios, como Dios mismo pretendía y como Jesús lo señaló. Pablo hace eco de las palabras de Jesús en el versículo 5.14, citando Levítico 19.18: «En efecto, toda la ley se resume en un solo mandamiento: "Ama a tu prójimo como a ti mismo"» (5.14; ver también Ro 13.9-10). Pues ese es el versículo que Jesús había indicado como el segundo gran mandamiento de la ley (después del primero, que es amar a Dios con todo nuestro corazón, alma y fuerza —Dt 6.5).

Por el otro lado, el amor impedirá que usemos nuestra libertad para nuestra satisfacción egoísta. La libertad cristiana, a la vez que nos libera de un tipo de esclavitud (el de someternos a la ley), en realidad nos introduce a otro tipo de «esclavitud» muy diferente, una «esclavitud» por la causa de Cristo —sometiéndonos unos a otros, sirviéndonos «con amor».

Con razón, unos versículos más adelante, Pablo coloca el amor a la cabeza de su lista del fruto del Espíritu. ¡Es *doblemente* importante!

Y luego, justo antes de pasar al clímax de su argumento, Pablo lanza una advertencia a *ambos* grupos (5.15). Los que buscan imponer la ley y los que la rechazan pueden tratarse bastante mal unos a otros, con actitudes y palabras —expresadas tanto verbalmente como por escrito. Pueden terminar como perros de pelea, hiriéndose gravemente entre sí, y ese tipo de conflicto entre cristianos puede terminar destruyendo por completo a una iglesia. Pablo dice: «si siguen mordiéndose y devorándose, tengan cuidado, no sea que acaben por destruirse unos a otros» (5.15).

Al final Pablo llega a su «punto principal». Si no debemos dejarnos gobernar ni por la ley ni por la carne, entonces ¿qué debe regir nuestra manera de vivir? La respuesta: el Espíritu. Pablo coloca esto al principio, en el medio y al final de su siguiente sección, en los versículos 16, 18 y 25. «*Vivan por el Espíritu… si los guía el Espíritu… andemos guiados por el Espíritu*». Esa es la esencia, el alma de la vida cristiana. Ese es el centro y el secreto de lo que significa ser una persona «en Cristo».

Así como Pablo ha hablado del *poder del amor* que nos capacita para vivir en una relación correcta con la ley del Antiguo Testamento y también para superar el egoísmo de la carne, Pablo también explica que si permitimos que el poder del Espíritu de Dios gobierne cómo vivimos, evitaremos ambos extremos de legalismo y libertinaje. Esto es lo que explica en los versículos 16-18.

> Así que les digo: Vivan por el Espíritu, y no seguirán los
> deseos de la naturaleza pecaminosa. Porque esta desea lo
> que es contrario al Espíritu, y el Espíritu desea lo que es
> contrario a ella. Los dos se oponen entre sí, de modo que
> ustedes no pueden hacer lo que quieren.[2] Pero, si los guía el
> Espíritu, no están bajo la ley (*Gá 5.16-18*).

Así que cuando decimos «¡sí!» a Jesucristo, y «¡sí!» al Espíritu Santo, decimos «¡no!» a la carne (no haremos solo lo que nos dé la gana), y decimos «¡no!» a aquellos que nos quieren imponer el yugo de la ley como camino para demostrar nuestra propia justicia.

Ahora, en este punto, quisiéramos avanzar y descubrir qué significa caminar, vivir y ser guiados por el Espíritu. Pero Pablo quiere asegurarse, en primer lugar, de que tenemos muy en claro qué significa lo contrario: ¿hacia qué tipo de vida conducen los actos de «la carne»? Pablo ofrece una lista lúgubre en los versículos 19–21.

> Las obras de la naturaleza pecaminosa se conocen bien:
> inmoralidad sexual, impureza y libertinaje; idolatría y
> brujería; odio, discordia, celos, arrebatos de ira, rivalidades,
> disensiones, sectarismos y envidia; borracheras, orgías,
> y otras cosas parecidas. Les advierto ahora, como antes
> lo hice, que los que practican tales cosas no heredarán el
> reino de Dios (*Gá 5.19-21*).

Es sombrío, pero revelador. Menciona cosas que son individuales, y cosas que son sociales y culturales. Abarca desde lo privado hasta lo público, desde actos exteriores hasta emociones internas. Y es un verdadero reflejo de lo que, a mayor o menor escala, vemos a nuestro

---

[2] Nota del editor: El autor cita la NIV, donde se ha traducido «you are not to do whatever you want» (no deben hacer lo que quieran), en contraste con la versión CSB «so that you don't do what you want» (para que no hagan lo que quieren). Se podría correr el riesgo de deducir conclusiones teológicas equivocadas si no se coloca este pasaje y sus posibles traducciones en perspectiva. Por ello, el autor explica lo siguiente:

«Lo que Pablo expresa aquí no es lo mismo que en Romanos 7.19, donde se lamenta de que aun cuando sabe lo que debería hacer y quiere hacerlo (en obediencia a la ley de Dios), se da cuenta de que no lo hace. Aquí en Gálatas, en cambio, el argumento es que el Espíritu impedirá que satisfagamos los deseos de la carne, es decir, sencillamente nos detendrá de hacer lo que nos dé la gana con nuestra egoísta y caída voluntad».

alrededor. Este es el mundo en que vivimos. Y hemos sido llamados a ser distintos a este mundo. ¿Pero cómo?

Ahora, por fin, y en un deslumbrante contraste con esa lista, Pablo describe la vida del Espíritu. Aquí está el pasaje que será nuestro texto por el resto del libro:

> **En cambio, el fruto del Espíritu es amor, alegría, paz, paciencia, amabilidad, bondad, fidelidad, humildad y dominio propio. No hay ley que condene estas cosas** (*Gá 5.22-23*).

En primer lugar, prestemos atención a lo que este pasaje *no* es. No es una lista de virtudes que se contraponen a los vicios que acaba de enumerar como las «obras de la naturaleza pecaminosa». En los documentos griegos y judíos de aquel entonces, eran comunes los listados de vicios y virtudes correspondientes que supuestamente debían dar forma al comportamiento de las personas. Básicamente decían: «No hagan estas cosas (los vicios). Más bien, hagan estas cosas (las virtudes)». El énfasis estaba en *lo que no se debía hacer* y en *lo que sí se debía hacer.* Por supuesto que hay alguna similitud con la doble lista de Pablo aquí en Gálatas 5. Las listas de vicios y virtudes fácilmente podrían usarse como simples listas de reglas —la lista de «no hagan esto» y la lista de «hagan aquello». Y esto definitivamente *no es* lo que Pablo dice aquí. Pablo no está diciendo: «No trates de obedecer todas las reglas de la ley del Antiguo Testamento; aquí hay un conjunto de reglas mucho más fácil de obedecer». Se trata de reemplazar una actitud incorrecta con otra. Pablo ni siquiera se ha referido a «reglas».

No, la clave para entender lo que Pablo está diciendo aquí es la metáfora que utiliza: el fruto. Todas las hermosas palabras que escribe son, en conjunto, el *fruto* (singular) *del Espíritu.* Ahora bien, el fruto es el producto natural de la vida. Si un árbol está vivo, dará fruto. ¡Concuerda con el hecho de ser un árbol vivo! El fruto es lo que se obtiene cuando un árbol tiene vida en su interior.

¿Por qué un árbol da fruto? No es porque haya alguna ley de la naturaleza que dicte que deba hacerlo. Más bien, sencillamente se debe a la vida que tiene dentro, que surge del suelo y del agua que alimenta sus raíces y que fluye, por medio de la savia, por cada rama. Un árbol no da fruto porque obedece las leyes de la naturaleza (si podemos usar nuestra imaginación y «pensar como un árbol»), sino porque sencillamente es un árbol vivo, que se comporta según lo que es.

Entonces, lo que Pablo trata de decirnos con su lista de bellas cualidades es lo siguiente: Estas son las cualidades que Dios mismo producirá en la vida cotidiana y ordinaria de una persona, porque la vida de Dios mismo está obrando dentro suyo. La vida de Dios (por su Espíritu) dará fruto en el «árbol» de la vida de una persona, simplemente porque así es Dios y eso es lo que Dios produce. O, como dijimos anteriormente, el Espíritu de Dios, que es el Espíritu de Cristo, hará que las cualidades de la vida de Cristo crezcan en la vida de una persona para que se vuelva cada vez más como Cristo —que es el deseo de Dios para todos sus hijos e hijas.

O, en otras palabras, de lo que Pablo está hablando es del *carácter* cristiano. Lamentablemente, hoy en día este carácter está muy poco valorado en gran parte de la vida y las actividades de la iglesia. Preferimos desarrollar mejores técnicas, formular estrategias exitosas y celebrar (o criticar) el rendimiento. Miramos por fuera y evaluamos a las personas según «cómo están», prestando mucha menos atención al tipo de personas en que se han convertido o en que se están convirtiendo. Pero observemos las cualidades de la lista de Pablo. No se centran en el tipo de *rendimiento* que podemos lograr, sino en el tipo de *persona* que somos.

Dar fruto toma tiempo. Formar el carácter toma tiempo. Toda una vida en realidad. John Stott rogó a Dios por ello todos los días de su vida. Ahora pues, tomemos el tiempo para estudiar el fruto en el huerto del Espíritu de Dios, y luego tomemos el tiempo para que ese fruto madure en nuestras propias vidas, en el tiempo que Dios nos ha concedido.

Capítulo 1

El amor

En primer lugar, el amor.

Y no es para sorprenderse. Pablo ya ha afirmado que lo que realmente importa es «la fe que actúa mediante el amor» (5.6), que debemos servirnos «unos a otros con amor» (5.13), y que toda la ley del Antiguo Testamento se resume en el mandamiento «ama a tu prójimo como a ti mismo» (5.14).

Al ubicar al amor en primer lugar, Pablo repite lo que Jesús ya había dicho. Cuando alguien le preguntó a Jesús sobre el mandamiento más importante de la ley, respondió con dos, uno de Deuteronomio y otro de Levítico:

> «Ama al Señor tu Dios con todo tu corazón, con todo tu ser y con toda tu mente»—le respondió Jesús—. Este es el primero y el más importante de los mandamientos. El segundo se parece a este: «Ama a tu prójimo como a ti mismo». De estos dos mandamientos dependen toda la ley y los profetas.[3]

Casi con toda certeza es ese segundo tipo de amor, el amor al prójimo, al que Pablo se refiere como el fruto del Espíritu. Es decir que el primer fruto del Espíritu no es tanto nuestro amor por Dios, sino nuestro amor mutuo como cristianos, por sobre todas nuestras diferencias y barreras. Y Pablo se refiere no solo a sentimentalismos por tratarnos con gentileza, sino de pruebas prácticas y reales de que nos amamos y nos aceptamos unos a otros, por la manera en que nos cuidamos, proveemos, ayudamos, animamos y apoyamos mutuamente, incluso cuando cueste o duela mucho hacerlo. El amor

---

[3] Mt 22.37-40, que cita a Dt 6.5 y Lv 19.18.

en acción, en otras palabras. El amor que disuelve divisiones. El amor que une a personas que de otro modo se odiarían, lastimarían o incluso se matarían.

¿Qué tan importante es amarse unos a otros de esta manera? ¿Por qué el amor aparece primero en la lista de Pablo sobre el fruto del Espíritu? Pablo mismo tenía bastante que decir sobre la importancia de que los cristianos se amaran mutuamente, pero es Juan quien lo enfatiza más que ningún otro autor del Nuevo Testamento.

Así que acudamos a Juan para que nos guie en este primer estudio. **Tres** veces en su Evangelio, Juan registra a Jesús dándoles a sus discípulos el mandamiento de que se amen unos a otros:

- Este mandamiento nuevo les doy: que se amen los unos a los otros. Así com   o yo los he amado, también ustedes deben amarse los unos a los otros. De este modo todos sabrán que son mis discípulos, si se aman los unos a los otros (Jn 13.34-35).
- Y este es mi mandamiento: que se amen los unos a los otros, como yo los he amado (Jn 15.12).
- Este es mi mandamiento: que se amen los unos a los otros (Jn 15.17).

Cinco veces en su primera carta, Juan nos recuerda que este mandamiento es de Dios, y entra en mucho detalle explicando cómo deberíamos amarnos no solo con palabras, sino también con hechos y de verdad:

- Este es el mensaje que han oído desde el principio: que nos amemos los unos a los otros (1Jn 3.11).
- Si alguien que posee bienes materiales ve que su hermano está pasando necesidad, y no tiene compasión de él, ¿cómo se puede decir que el amor de Dios habita en él? Queridos hijos, no amemos de palabra ni de labios para afuera, sino con hechos y de verdad (1Jn 3.17-18)
- Y este es su mandamiento: que creamos en el nombre de su Hijo Jesucristo, y que nos amemos los unos a los otros, pues así lo ha dispuesto (1Jn 3.23)
- Queridos hermanos, amémonos los unos a los otros, porque el amor viene de Dios, y todo el que ama ha nacido de él y lo

conoce. El que no ama no conoce a Dios, porque Dios es amor (1Jn 4.7-8).

- Queridos hermanos, ya que Dios nos ha amado así, también nosotros debemos amarnos los unos a los otros. Nadie ha visto jamás a Dios, pero, si nos amamos los unos a los otros, Dios permanece entre nosotros, y entre nosotros su amor se ha manifestado plenamente (1Jn 4.11-12).

Entonces, si se puede decir que hay algo primordial, central y esencial para ser cristiano y parecerse cada vez más a Jesús, debe ser esto. Por ello, Pablo habla sobre este tipo de amor como la primera evidencia de que Dios está trabajando en nuestra vida, el primer fruto del Espíritu de Dios dentro de nosotros. Juan también ve tal amor como *evidencia*. Da muestra de algo. De hecho, el amor demuestra varias cosas que podemos observar juntos. Cuando los cristianos se aman unos a otros, dice Juan, es evidencia de algunas realidades muy importantes: el amor es evidencia de la vida; evidencia de la fe; evidencia de Dios; y evidencia de Jesús. Analicemos cada una de estas evidencias.

1. El amor mutuo es evidencia de la vida

Juan se preocupa por reasegurarle a la iglesia a la que le escribe, que ellos son verdaderos creyentes y que comparten la vida de Dios, la vida eterna. Así que Juan lleva a sus lectores a los fundamentos de su fe, a la enseñanza que habían escuchado desde el puro principio, cuando oyeron y respondieron al evangelio.

Juan utiliza dos veces las palabras: *«Este es el mensaje que hemos oído»*. La primera vez es en 1 Juan 1.5. «Este es el mensaje que hemos oído de él y que les anunciamos: Dios es luz y en él no hay ninguna oscuridad». Si caminamos en la luz, habiendo confesado nuestros pecados, y luego vivimos en obediencia como lo hizo Jesús y hacemos lo correcto, entonces conoceremos a Dios y sabremos que pertenecemos a él (1Jn 2.3–6).

Más adelante, por la mitad de su carta, Juan repite esta frase y la vincula a lo que acaba de decir sobre hacer lo correcto, y luego la expande con el mandamiento de amarse unos a otros: «Así distinguimos entre los hijos de Dios y los hijos del diablo: el que no practica la justicia no es hijo de Dios; ni tampoco lo es el que no ama a su hermano. Este es el mensaje que han oído desde el principio: que nos amemos los unos a los otros» (1Jn 3.10-11).

Para Juan, *caminar en la luz* y *caminar en amor* son las dos partes más básicas y esenciales de ser un verdadero cristiano. Eran parte del mensaje original y la enseñanza del propio Jesús («desde el principio»). Y eran parte del evangelio en el que habían oído y creído.

Pero Juan va aún más lejos. Otra vez utiliza una de sus frases recurrentes: «sabemos que». Juan insiste en que *podemos y debemos* saber algunas cosas muy importantes en nuestra vida cristiana. Y posiblemente lo más importante que podemos saber es que tenemos vida eterna. Podemos estar seguros de ello. De hecho, Juan nos dice que esa es la razón principal por la que escribió su Evangelio (Jn 20.30-31), y también la razón por la que escribió su carta (1Jn 5.13).

Juan quiere que sus lectores sepan con certeza que tienen vida eterna. Pero ¿cómo puede uno saber que tiene la vida que Dios da? Cuando ve la evidencia: *la evidencia del amor* que Dios produce en su vida. «Nosotros sabemos que hemos pasado de la muerte a la vida porque amamos a nuestros hermanos. El que no ama permanece en la muerte» (1Jn 3.14).

El amor cristiano es una cuestión de vida o muerte. Es así de serio. Es lo que prueba si uno ha pasado de lo uno a lo otro.

Ahora bien, ese versículo (1Jn 3.14) es muy similar a algo que Jesús dijo: «Ciertamente les aseguro que el que oye mi palabra y *cree* al que me envió tiene vida eterna y no será juzgado, sino que *ha pasado de la muerte a la vida*» (Jn 5.24). Así es que, cuando respondemos a Jesús y depositamos nuestra fe en Dios por medio de él, recibimos vida eterna (así dice Jesús). Pero, cuando nos amamos unos a otros, es que *sabemos* que hemos pasado de la muerte a la vida, porque vemos la evidencia (así dice Juan). Tener fe en Dios por medio de Jesús y amarnos unos a otros como cristianos van de la mano. Nuestra vida eterna se recibe por la fe y se demuestra por el amor.

¿Cómo sabemos si un árbol está vivo? Buscamos los brotes, las hojas y luego el fruto. El fruto es la evidencia de que el árbol tiene vida en su interior. Donde hay fruto, hay vida. Pero si no hay fruto, el árbol quizá esté muerto.

¿Cómo sabemos si un creyente o una iglesia están vivos? Buscamos el amor. Donde hay amor hay vida. Cuando los cristianos verdaderamente ponen en práctica el amor, eso es evidencia y confirmación de que la vida de Dios está presente entre ellos y en ellos. Pero cuando no ponemos en práctica el amor, cuando peleamos y discutimos, nos dividimos y nos denunciamos mutuamente… ¿eso qué dice de nosotros? Si no hay amor, dice Juan, no hemos vuelto a la vida en absoluto; más bien «permanecemos en la muerte».

El amor es cuestión de vida o muerte.

Para reforzar lo importante que es esto, Juan nos da dos ejemplos: uno a cada lado de su punto central en el versículo 3.14.

- *El ejemplo negativo:* Caín (vv. 12, 15). Caín estaba lleno de odio, y su odio lo llevó a la muerte. Así es como sucede. El versículo 15 ofrece una advertencia muy severa: odiar a un hermano cristiano es como cometer un asesinato (de nuevo, Juan repite las palabras de Jesús en Mt 5.21-22). Si las personas afirman ser cristianas, pero sus vidas, actitudes y palabras están llenas de odio hacia los demás, entonces Juan nos advierte que quizás ni siquiera tengan vida eterna, no importa lo que digan.

- *El ejemplo positivo:* Cristo (v. 16). Cristo estaba lleno de amor, y su amor lo llevó a *entregar* su vida (no a quitar la vida, como Caín). Así que la esencia del amor es autosacrificarse por los demás. Así es como el propio Jesús explicó su inminente muerte como el buen pastor (Jn 10.11, 15). Así lo dice Pablo: «Mas Dios muestra su amor para con nosotros, en que siendo aún pecadores, Cristo murió por nosotros» (Ro 5.8).

En resumen, Juan dice: no seamos como Caín (ni siquiera se lo imaginen). Seamos como Cristo (no solo en nuestros pensamientos, sino también en la vida practica, v. 18).

Y luego, por si se nos ocurre imaginar que el principio del autosacrificio, de entregar la vida por otros (v. 16), solo es para aquellos momentos muy raros y extremos, cuando quizás realmente pudiéramos tener que *morir* por otra persona, Juan inmediatamente, en el versículo 17, ilustra lo que quiere decir. Se refiere a oportunidades sencillas, comunes y cotidianas donde verdaderamente se demuestre la generosidad, el afecto y la bondad: «Si alguien que posee bienes materiales ve que su hermano está pasando necesidad, y no tiene compasión de él, *¿cómo se puede decir que el amor de Dios habita en él?*». Se trata de una pregunta retórica potente, a la espera de la respuesta: «No es posible, no importa lo que diga la persona». No podemos afirmar que amamos a Dios, o que el amor de Dios está en nosotros, si no ayudamos a los necesitados cuando tenemos la capacidad de hacerlo. Bueno, *podemos* afirmar que amamos a Dios, pero se trata sencillamente de una mentira, como más adelante dice Juan con una lógica devastadora: «Si alguien afirma: "Yo amo a Dios", pero odia a su hermano, es un mentiroso; pues el que no ama a su hermano, a quien ha visto, no puede amar a Dios, a quien no ha visto» (4.20).

2. El amor mutuo es evidencia de la fe

Lo que expresa Juan sobre *el amor* (que necesita demostrarse con hechos concretos) es muy similar a lo que dice Santiago acerca de *la fe* en este conocido pasaje:

> Hermanos míos, ¿de qué le sirve a uno alegar que tiene fe, si no tiene obras? ¿Acaso podrá salvarlo esa fe? Supongamos que un hermano o una hermana no tiene con qué vestirse y carece del alimento diario, y uno de ustedes le dice: «Que le vaya bien; abríguese y coma hasta saciarse», pero no le da lo necesario para el cuerpo. ¿De qué servirá eso? Así también la fe por sí sola, si no tiene obras, está muerta (*Stg 2.14-17*).

Es obvio que Juan hubiera estado de acuerdo, y Pablo también. Pero Juan conecta la fe con el amor de una manera que los hace tan inseparables como la fe y las buenas obras. De hecho, los reúne bajo un solo mandamiento: «Y este es su mandamiento: que creamos en el nombre de su Hijo Jesucristo, y que nos amemos los unos a los otros, pues así lo ha dispuesto» (1Jn 3.23).

Observen que Juan dice: «Y este es su mandamiento» (en singular). ¡Pero luego prosigue y afirma dos cosas! Hemos recibido el mandamiento de no solo creer en el nombre del Hijo de Dios, Jesucristo, sino también de amarnos los unos a los otros, y ambas partes forman un solo mandamiento. Si hacemos lo primero (creer), haremos lo segundo (amar). Si no estamos haciendo lo segundo (amarnos los unos a los otros), no estamos haciendo lo primero (creer en Jesús). No intentemos dividirlos, porque ambos son el mandamiento de Dios: creer en Jesús y amarnos los unos a los otros. Van juntos.

Así que el amor mutuo no es solamente evidencia de la vida de Dios dentro nuestro, también es evidencia de la fe por la cual hemos llegado a recibir esa vida en primer lugar. Santiago dijo que la fe sin obras está muerta. Juan expresaría su acuerdo, diciendo que la fe sin amor (amor que se demuestra en las buenas obras) también está muerta, es decir, que no es más que una afirmación sin valor. De hecho, ya que «este es su mandamiento», de allí se deduce que, si no estamos demostrando amor práctico los unos por los otros, estamos sencillamente desobedeciendo los mandamientos de Jesús en los que decimos que creemos. ¿Entonces qué clase de discípulos somos?

3. El amor mutuo es evidencia de Dios

Uno de los versículos más famosos de la Biblia, después de Juan 3.16, es «Dios es amor». Así como con todos los versículos de la Biblia, es importante leerlo en su contexto. Aquí esta, marcado en cursiva, en un pasaje maravillosamente rico sobre el amor de Dios.

> Queridos hermanos, amémonos los unos a los otros, porque el amor viene de Dios, y todo el que ama ha nacido de él y lo conoce. El que no ama no conoce a Dios, *porque Dios es amor.* Así manifestó Dios su amor entre nosotros: en que envió a su Hijo unigénito al mundo para que vivamos por medio de él. En esto consiste el amor: no en que nosotros hayamos amado a Dios, sino en que él nos amó y envió a su Hijo para que fuera ofrecido como sacrificio por el perdón de nuestros pecados. Queridos hermanos, ya que Dios nos ha amado así, también nosotros debemos amarnos los unos a los otros. Nadie ha visto jamás a Dios, pero, si nos amamos los unos a los otros, Dios permanece entre nosotros, y entre nosotros su amor se ha manifestado plenamente (*1Jn 4:7-12*).

Juan expresa tres cuestiones principales en este pasaje.

a) Dios es la fuente de todo amor (1Jn 4.7-8)

«El amor viene de Dios», dice Juan. Todo el amor humano fluye de Dios porque Dios es la fuente de todo amor verdadero, ya que el amor es su propia naturaleza y su ser. Esto nos dice algo sobre Dios. Podríamos decir que Dios es amor en todo sentido. Todo lo que Dios hace o dice es, en última instancia, una expresión de su amor. Cuando Dios actúa con justicia, es la manifestación del amor de Dios. Cuando Dios actúa con ira, es el amor de Dios que se defiende a sí mismo (y a nosotros) de todo lo que podría estropear o destruir al mundo y a las personas que él ha hecho con amor. Toda la actitud de Dios y su accionar con su creación es amor. O como dice el Salmo 145 dos veces, «El Señor [...] es bondadoso en todas sus obras» (Sal 145.13, 17). El amor de Dios es la realidad más grande del universo, incluso superior al mismo universo.

Así que, efectivamente, este pasaje nos dice una verdad gloriosa acerca de Dios. Pero debemos recordar que Juan se dirige principalmente a sus lectores, y su punto principal es que quien no vive en amor con los demás no está conectado con Dios, quien es la fuente de todo amor. De hecho, tal persona realmente no conoce a Dios y no es su hijo.

b) Dios nos ha mostrado la evidencia y el ejemplo de su amor (1Jn 4.9-11)

Juan regresa a la esencia del propio evangelio. ¿Cómo sabemos que Dios nos ama? Porque Dios el Padre dio a su único Hijo, y Dios el Hijo voluntariamente se entregó a sí mismo, para salvarnos de la muerte eterna y darnos la vida eterna. La maravillosa verdad del evangelio de Juan 3:16 se encuentra bajo la superficie de estos versículos.

La cruz es la demostración definitiva del amor de Dios, el amor del Padre y del Hijo. Observen el hermoso equilibrio entre 1 Juan 4.9-10, que habla del amor del Padre al enviar a su Hijo, y 1 Juan 3.16, que habla del amor del Hijo al entregar su vida por nosotros. Pablo expresa exactamente el mismo punto equilibrado cuando habla de Dios el Padre como «El que no escatimó ni a su propio Hijo, sino que lo entregó por todos nosotros...» (Ro 8.32), y del «Hijo de Dios, quien me amó y dio su vida por mí» (Gá 2.20).

Pero, una vez más, hay que recordar el punto principal. Juan nos dice todo esto respecto al amor de Dios no solo para enseñarnos una buena teología de la expiación. Su gran objetivo es motivarnos a *imitar* el amor de Dios Padre y Dios Hijo, amándonos unos a otros. Y eso nos trae al clímax del argumento de este párrafo, en el versículo 11: «*Ya que Dios nos ha amado así*, también nosotros debemos amarnos los unos a los otros». La cruz no solo es el medio por el cual somos salvos, sino también el ejemplo respecto a cómo debemos vivir.

Pedro expresa el mismo punto doble. Dice respecto a Jesús: «en su cuerpo, llevó al madero nuestros pecados». Así es como nuestros pecados pueden ser perdonados, por la muerte expiatoria de Cristo. Pero en el mismo pasaje Pedro escribe: «Cristo sufrió por ustedes, dándoles ejemplo para que sigan sus pasos», el ejemplo de sufrir sin represalias y contragolpes (1P 2.21-25). De manera similar, dice Juan, el amor de Dios, demostrado en la cruz, es un modelo y un ejemplo que debemos seguir. «*Ya que Dios…, también nosotros...*». Es tan simple como esto.

Entonces, si una persona está luchando con amar a otros cristianos (y sucede a menudo, por todo tipo de razones), hay dos cosas que debe hacer: primero, ir a la *fuente del amor*, a Dios mismo, y pedir que su amor divino le llene; y segundo, pensar en el *modelo de amor*, la cruz de Cristo, y seguir su ejemplo.

Pero luego Juan da un paso más, y hace una declaración aún más potente de lo que ocurre cuando los cristianos se aman los unos a los otros.

c) Dios se hace visible por medio de nuestro amor mutuo (1Jn 4.12)

> Nadie ha visto jamás a Dios, pero, si nos amamos los unos a
> los otros, Dios permanece entre nosotros, y entre nosotros
> su amor se ha manifestado plenamente (*1Jn 4.12*).

«Nadie ha visto jamás a Dios». ¿Pero qué pasa con todas esas apariciones de Dios en el Antiguo Testamento a personas como Abraham y Moisés? Bueno, efectivamente, en ese sentido Dios sí se hizo visible a ellos en alguna forma humana temporal o mediante un ángel. Estos eventos se denominan «teofanías», que literalmente significa «apariciones

de Dios». Cuando Dios quería hacer o decir algo particularmente importante para algún momento histórico, se le «aparecía» a alguien en la historia. Pero, aun así, había cierta cautela en torno a hablar de «haber visto a Dios». Sabían que Dios, como realmente es en sí mismo, es invisible. Dios no es parte del mundo físico que podemos ver a nuestro alrededor y en el cual vivimos. Dios no es un «objeto». Dios es Espíritu, el creador del universo, no es una «cosa» o un «cuerpo» que podemos ver con nuestros ojos físicos. Entonces, en ese sentido, Juan dice con acierto que «nadie ha visto a Dios».

Pero esta es en realidad la segunda vez que Juan escribe estas precisas palabras. La primera vez fue en su Evangelio. Justo al principio, cuando habla de la manera asombrosa en que la eterna Palabra de Dios ha ingresado en nuestro mundo de espacio y tiempo, dice esto: «A Dios nadie lo ha visto nunca; el Hijo unigénito, que es Dios y que vive en unión íntima con el Padre, nos lo ha dado a conocer» (Jn 1.18).

Jesucristo, la Palabra que se hizo carne, ha hecho visible a Dios. Dios, en la persona de Jesucristo, fue visto, oído y tocado. De hecho, al principio de su carta, Juan les recuerda a sus lectores este mismo punto: «Lo que ha sido desde el principio, lo que hemos oído, lo que hemos visto con nuestros propios ojos, lo que hemos contemplado, lo que hemos tocado con las manos, esto les anunciamos respecto al Verbo que es vida» (Jn 14.9).

Bueno, podríamos decir que aquello estuvo muy bien y fue muy lindo para los que pudieron ver a Jesús cuando vivió aquí en la tierra. Tuvieron esa maravillosa oportunidad de ver al Dios invisible hecho visible en la persona y la vida de Jesús de Nazaret. ¡Me alegra por ellos! ¿Pero qué pasa con el resto de nosotros?

¿Qué ocurre con el resto de la raza humana que nunca tuvo la oportunidad de ver a Jesús? ¿Hay alguna forma en que Dios pueda ser visto hoy?

Sorprendentemente, Juan empieza su segunda afirmación exactamente de la misma forma: «Nadie ha visto jamás a Dios, *pero, si nos amamos los unos a los otros*, Dios permanece entre nosotros» (1Jn 4:12). Juan parece dar a entender que nuestro amor mutuo hace visible el amor de Dios, que es otra forma de decir que Dios mismo se hace visible, ya que Dios es amor. Cuando los cristianos se aman los unos a los otros, de maneras concretas, con sacrificio, a un gran precio, de forma tal que logran destruir barreras, entonces el amor de Dios (o, más bien, el Dios que es amor) se llega a manifestar. El mundo debería poder observar cómo los cristianos viven y aman juntos, y ver demostrado en ello algo de la realidad de Dios. El Dios invisible se hace visible en el amor que los cristianos tienen los unos por los otros.

Ahora bien, por supuesto que ninguno de nosotros es perfecto, y todos fallamos de muchas maneras distintas. Por ello, a menudo nos protegemos un poco y decimos cosas como: «No me mires a mí o a los cristianos; mira a Jesús». Sí, claro, nunca debemos presumir. Y efectivamente, queremos que las personas se enfoquen en Cristo, no en nosotros. Pero, a veces aquella manera de pensar y expresarse puede convertirse en una excusa para que ni siquiera intentemos obedecer el mandamiento de Cristo respecto a amarnos los unos a los otros. Para Juan, el mundo debería poder observar a los cristianos y a las iglesias cristianas y ver algo de la realidad de Dios. Deberían poder ver a Dios en acción.

Y esto es especialmente cierto cuando personas que normalmente se odian y se matarían si pudieran, como aquellas que provienen de naciones con historia de guerras, pueden mostrar que se aman gracias al amor de Dios en Cristo. En 1994, durante el genocidio de Ruanda, un grupo de estudiantes del movimiento IFES de esa nación, que provenían de las tribus de los hutu y los tutsi, permanecieron unidos a pesar de las advertencias para que se separasen. En círculo y tomados de las manos oraban juntos diciendo: «Vivimos juntos, unidos por Cristo, y moriremos juntos si es necesario». Y así sucedió para muchos de ellos. Pero solo el evangelio del amor de Dios puede hacer que exista ese tipo de amor. Vemos ese evangelio cuando un judío mesiánico israelí y un creyente cristiano palestino pueden abrazarse y compartir una plataforma internacional (en el Congreso de Lausana de 2010, en Ciudad del Cabo). Dios mismo se hace visible cuando los hijos de Dios se aman, aunque el mundo les diga que hagan lo contrario.

Unos años atrás, las sociedades ateas del Reino Unido pagaron para colocar un cartel publicitario en los famosos buses rojos de Londres. El cartel decía: «*Es probable que no haya un Dios, así que deja de preocuparte y disfruta de la vida*». Hay muchos cristianos en

Londres. En teoría, una persona que no es cristiana, al leer el cartel debería poder decir: «No es cierto que Dios no existe, porque conozco a Sara y Nirmala y a Sam y Ajith, y todos ellos son cristianos, y *Dios obviamente es real y vive en medio de ellos*».

Se supone que debemos ser pruebas vivas de la existencia de un Dios vivo. Nadie puede ver a Dios. Pero la gente nos puede ver a nosotros. Y cuando nos amamos los unos a los otros, lo que ven es el amor de Dios.

Todo esto quizá suene muy positivo, y lo es. Pero también necesitamos hacer una pausa y reflexionar acerca de los efectos negativos cuando ocurre lo contrario, cuando los cristianos *no se aman* o *no quieren amarse* los unos a los otros, y en cambio encuentran toda clase de excusas para no obedecer el mandamiento de Jesús, y no muestran ninguna evidencia del primer fruto del Espíritu.

Según Juan, cuando aquellos que dicen ser cristianos no demuestran evidencias de este tipo de amor, amor como el de Dios y como el de Cristo, y que el Espíritu produce, entonces:

- ponen en duda si realmente han nacido de nuevo (1Jn 4.7);
- muestran que realmente no conocen a Dios (1Jn 4.8);
- están despreciando la cruz de Cristo, al vivir como si no tuviera nada que enseñarnos (1Jn 4.9-10);
- peor aún, mantienen a Dios invisible (1Jn 4.12). Esconden el amor de Dios. Ocultan al Dios que es amor, al Dios que no puede ser visto pero que anhela ser visto por medio de nosotros.

Así que, por todas estas razones, aquellas personas en realidad obstaculizan la misión de Dios e impiden que otros entren al reino de Dios, de la misma manera en que lo hicieron aquellos que se resistieron y rechazaron a Jesús en las historias de los Evangelios.

Cuando los cristianos no se aman los unos a los otros, no solo es trágico, es tóxico. Es venenoso y letal. Frustra la razón misma de nuestra existencia. Nuestra misión es ser discípulos y hacer discípulos, compartir y vivir las buenas noticias del evangelio del amor de Dios, y mostrar cómo transforma nuestras propias vidas y relaciones.

Bueno, todo ello proviene de la primera carta de Juan. Pero a manera de conclusión, podemos volver al propio Jesús para una reflexión final.

4. El amor mutuo es evidencia de Jesús

Jesús dijo: «Este mandamiento nuevo les doy: que se amen los unos a los otros. Así como yo los he amado, también ustedes deben amarse los unos a los otros. De este modo todos sabrán que son mis discípulos, si se aman los unos a los otros» (Jn 13.34-35).

Cuando los cristianos se aman mutuamente, demuestran a quién pertenecen. Señalan a los demás el camino a Cristo. El amor cristiano es increíblemente transformador, y en muchos contextos es tan asombroso y contracultural que solo puede ser la obra de Cristo, el poder del evangelio, el fruto del Espíritu.

¡Que fruto tan vital es este amor! Es absolutamente primordial y principal. Cuando los cristianos se aman unos a otros,

- demuestran que tienen vida eterna
- demuestran que tienen una fe que salva
- demuestran que Dios es real
- demuestran que son verdaderos seguidores de Cristo

Pero cuando no aman… bueno ¿qué demuestra esto?

Preguntas para la reflexión personal o en grupo

1) ¿Qué historias bíblicas podrías usar que ilustren el tema del amor?

____

____

____

____

____

2) ¿Qué ejemplos de tu propia historia o contexto ilustran el poder del amor como evidencia de la verdad del evangelio (por ejemplo, la reconciliación entre enemigos)?

____

____

____

____

____

3) *Si tuvieras que predicar o enseñar sobre el amor como el fruto del Espíritu de Dios, ¿qué tipo de reacción esperarías en tu iglesia o comunidad? ¿Que evidencia hay, ya sea de la presencia o la ausencia de tal amor?*

____

____

____

____

____

____

____

Capítulo 2

La alegría

El amor, la alegría y la paz, los primeros tres de la lista que Pablo nos da sobre el fruto del Espíritu, forman un trío. Aparecen unidos. Jesús los relacionó muy cercanamente en su conversación de despedida con sus discípulos.

- La *paz* les dejo; mi paz les doy. Yo no se la doy a ustedes como la da el mundo. No se angustien ni se acobarden (Jn 14.27).
- Así como el Padre me ha amado a mí, también yo los he amado a ustedes. Permanezcan en mi *amor.* Si obedecen mis mandamientos, permanecerán en mi amor, así como yo he obedecido los mandamientos de mi Padre y permanezco en su amor (Jn 15.9-10).
- Les he dicho esto para que tengan mi *alegría* y así su *alegría* sea completa (Jn 15.11).

Y para seguir con esta descripción, la paz y la alegría son como mellizos. Van juntos como una dupla, incluso más frecuente que el trío de la alegría, el amor y la paz. Y ambas palabras, paz y alegría, le gustan a Pablo de manera especial. Esta es la clase de expresión que le encanta decir:

- Porque el reino de Dios no es cuestión de comidas o bebidas, sino de justicia, *paz y alegría* en el Espíritu Santo. El que de esta manera sirve a Cristo agrada a Dios y es aprobado por sus semejantes (Ro 14.17-18).
- Que el Dios de la esperanza los llene de toda *alegría y paz* a ustedes que creen en él, para que rebosen de esperanza por el poder del Espíritu Santo (Ro 15:13).

De hecho, en sus cartas, Pablo habla de alegría (y gozo) veintiún veces y sobre la paz cuarenta y tres veces. Pero podemos ver en esos versículos de Romanos que, para Pablo, la alegría y la paz no son derivados accidentales de la fe cristiana. No son simplemente sentimientos felices. Observen lo que también dice en esos pocos versículos y que es una lista impactante.

- La alegría y la paz son señales clave del reino de Dios, tan importantes como la justicia. Son las cosas que ocurren cuando Dios reina, así es como nacen la verdadera alegría y la paz.
- La alegría y la paz son la manera en que debemos servir y agradar a Dios, no con ansiedad solemne.
- La alegría y la paz son ingredientes esenciales de nuestra esperanza cristiana, debemos *rebosar* de alegría y paz.
- La alegría y la paz son evidencia del poder del Espíritu Santo que desborda nuestras vidas.

Entonces, ¡no es de sorprenderse que Pablo incluya la paz y la alegría como parte del fruto del Espíritu! Sus palabras no describen simplemente un estado emocional de contentamiento y felicidad. Más bien es algo muy profundo y que es la esencia de la vida y el testimonio cristiano.

Pensemos primero en la alegría. ¿Qué es lo que nos trae alegría? ¿Qué es lo que hace que nuestros ojos brillen? ¿Qué es lo que hace que nuestro corazón palpite? ¿Qué es lo que nos produce un aura de placer en la mirada y nos hace sonreír, reír o gritar de alegría, levantar los brazos y querer abrazar a todo el mundo a nuestro alrededor?

Cuando me hago esa pregunta, me vienen rápidamente a la mente cuatro cosas, y cada una de ellas se relaciona con algo muy cierto sobre la alegría cristiana como fruto del Espíritu. Estas cuatro cosas me producen mucha alegría (¡aun sino hiciera todas las cosas que acabo de describir, aunque quizá alguna vez podrían llegar a ver que me comporto así!):

- Me llena de alegría cuando estoy con mi familia compartiendo el amor que nos une, o con amigos cercanos cuando sencillamente disfruto de su compañía compartiendo comida o bebida. O cuando abro la puerta y veo las caritas felices de nuestros nietos, que saltan de emoción. O sencillamente cuando salgo cualquier día con mi esposa. *Alegría es tener una familia* (Si crees que es injusto para aquellos que no tienen familia, solo espera unos momentos).

- Este tipo de alegría brota cuando recibo una muy buena noticia, especialmente si es algo inesperado o que esperaba con ansias. Entonces la alegría se convierte en celebración. Recuerdo cuando llegó aquel telegrama notificándome que me habían aceptado en la Universidad de Cambridge, después de tanto estudio y ansiedad. O el día (el lugar y la hora grabados en mi memoria) cuando le pregunté a Elizabeth Brown si quería casarse conmigo, y ella dijo que «sí» (no es que hubo mucha ansiedad, ya que fuimos novios por años). O la alegría de recibir la noticia que un ser querido salió sano y salvo de una operación quirúrgica o que se recuperó de una enfermedad grave. O la noticia de que nuestras hijas estaban embarazadas, y luego la noticia (en cada caso) de que nació un bebé sano y que madre e hijo estaban bien. Cuando hay muy buenas noticias celebramos con alegría, como hacemos con cumpleaños y aniversarios. Muchas culturas celebran ese tipo de momento con una gran fiesta que incluye comida. Marcamos momentos de alegría con comida y bebida. *Alegría es tener un banquete.*

- A veces adorar a Dios en la iglesia con otros cristianos me llena de una intensa alegría. También hay instancias en que, desafortunadamente, puede llegar a ser una experiencia bastante desagradable. Pero hay momentos en que las palabras de las Escrituras, o la música o la letra de ciertos himnos o cantos, son tan profundas y me recuerdan tan intensamente lo que Dios ha hecho para salvarme, que mi corazón podría explotar de alegría. En lo más profundo de mi ser, sé que no podría ser lo que soy, o estar donde estoy, si no fuera por la gracia, el perdón, y el amor de Dios que me sostiene a diario. Y cuando la adoración, especialmente la música, me recuerda ello, hay momentos cuando no puedo cantar porque mis ojos se llenan de lágrimas y se me quiebra la voz con gratitud hacia Dios. *Alegría es tener una fe.*

- Y a menudo reboso de alegría cuando disfruto de la creación de Dios. Disfruto el placer de estar vivo en el mundo de Dios. Siento alegría por poder correr o caminar al aire libre, o nadar en el mar o en un lago. Es una alegría que, para mí, está colmada de gratitud hacia Dios. Este es el mundo de Dios y me encanta y lo disfruto, como Dios quiso que hagamos, y como los Salmos celebran con gran alegría. Pero esa alegría tiene otra faceta: saber que esa creación que ahora disfrutamos tanto es solo una matriz, que gime con dolores de parto por la nueva creación. Anticipamos con anhelo no solo «ir al cielo», sino también nuestros cuerpos resucitados en los nuevos cielos y la nueva tierra que Dios está creando. ¡Qué alegría será eso! ¡Y será para siempre! *Alegría es tener un futuro.*

Estas cuatro razones para alegrarnos de la vida cotidiana son ciertas en un grado mucho mayor cuando la alegría que llena la vida y el corazón del cristiano es fruto del Espíritu. Analicemos cada una de estas razones:

1. La alegría es tener una familia

Volvamos a aquellos versículos de Romanos (citados arriba), donde Pablo ruega a Dios para que llene a sus lectores de alegría y paz. Los cristianos en Roma eran una agrupación de judíos que creían en Jesús como el Mesías y gentiles que venían de un contexto pagano, totalmente ajeno. Y Pablo dedica dos capítulos (Ro 14 y 15) a pedirles que se acepten y se reciban fraternalmente los unos a los otros, porque Dios en Cristo los ha aceptado y los ha hecho un solo pueblo. Luego, Pablo cita varios textos del Antiguo Testamento que invocan a los gentiles a alabar y regocijarse por lo que Dios ha hecho (Ro 15.9-12). La segunda cita dice: «Alégrense, naciones, con el pueblo de Dios» (Ro 15.10, que cita a Dt 32.43).

¿Por qué Pablo les dijo a los cristianos gentiles en Roma que se alegraran? ¿Por qué razones debían estar alegres? Debían estar llenos de alegría porque ahora habían sido incorporados a una familia completamente nueva, pertenecían al pueblo mismo de Dios («Alégrense *con su* pueblo»). Ya no estaban lejos, mirando desde afuera; ahora estaban incluidos. Tenían un conjunto completamente nuevo de relaciones gracias al Señor Jesucristo y al impacto reconciliador de su muerte y resurrección.

Pablo expresó el mismo punto, aún más enfáticamente, a los cristianos gentiles de Éfeso. Primero les recordó lo que solían ser, antes de que vinieran a la fe en Jesús. «Recuerden que en ese entonces ustedes estaban separados de Cristo, excluidos de la ciudadanía de Israel y ajenos a los pactos de la promesa, sin esperanza y sin Dios en el mundo» (Ef 2.12).

Estaban alejados de todas las formas posibles. No pertenecían al pueblo de Dios y no sabían nada del amor, la redención y las promesas del pacto del Dios de Israel. No tenían relación con Dios ni con el pueblo de Dios. No pertenecían a la familia de Dios. No estaban en una situación muy alegre.

¡Pero Pablo dice que ahora las cosas han cambiado por completo! «Pero ahora en Cristo Jesús, a ustedes que antes estaban lejos, Dios los ha acercado mediante la sangre de Cristo (…) Por lo tanto, ustedes ya no son extraños ni extranjeros, sino conciudadanos de los santos y miembros de la familia de Dios» (Ef 2.13, 19).

Los que estaban lejos, Dios los ha acercado. Los que estaban afuera han sido invitados a entrar. Los que estaban excluidos de la familia ahora han sido incluidos como miembros de la familia. Los gentiles se han convertido no solo en ciudadanos del pueblo de Dios (una metáfora política), sino también en miembros de la familia de Dios (una metáfora familiar). Y un poco más adelante, Pablo agregará que también se han convertido en la morada de Dios por medio del Espíritu Santo (Ef 2.22; una metáfora del templo). ¡Esa es de verdad una buena razón para estar alegres! Los creyentes cristianos, sin importar sus antecedentes o circunstancias, ahora cuentan con una nueva familia, porque pertenecen a Cristo.

Tal vez a algunos no les gustó que, anteriormente en este capítulo, haya comenzado la lista de cosas que me dan alegría mencionando a mi familia. Todos sabemos que hay muchas personas para quienes, lamentablemente, tener una familia les da muy poca o ninguna alegría. Hay todo tipo de razones. Padres crueles, ruptura matrimonial, soltería solitaria, duelo, enemistades y odios, incluso persecución por parte de miembros no cristianos de la familia. Pero cuando alguien pertenece a Cristo, aun si no tiene la alegría de una familia humana afectiva y amorosa, o si debe sobrellevar el dolor de una familia quebrantada y abusiva, o la soledad o el duelo, cuando pertenece a

Cristo tiene la alegría de contar con una nueva familia entre el pueblo de Dios. Esto no quiere decir que de repente todo sea color de rosa. No necesariamente sana todas las rupturas, ni arregla todos los problemas. Pero pertenecer a la familia de Dios por medio de Jesucristo, nos da una alegría especial en medio de la tristeza, el dolor y la lucha de una familia humana disfuncional o ausente. Se trata de una alegría más profunda que simplemente sentirnos feliz porque todo va bien. Es una alegría que proviene de saber que somos parte de una familia que jamás perderemos, parte de la familia más antigua de la historia, la familia más grande de la tierra, y que aquella será nuestra familia por toda la eternidad. Las relaciones familiares creadas y compartidas gracias a Jesús traen la alegría que es fruto del Espíritu.

Dos historias llenas de alegría pueden ilustrar esto.

Cuando el hijo pródigo de la parábola de Jesús regresó a casa, su padre lo recibió con un abrazo y le dio la bienvenida de vuelta a su familia, a pesar de que él, al irse con su herencia a un país lejano, había en efecto renunciado a su familia. Y hubo gran alegría y celebración. Jesús contó esta historia, junto con la de la oveja perdida y la de la moneda perdida, para resaltar que la alegría de ser encontrados y traídos de regreso la comparten no solo el joven, el animal y la moneda, sino también que Dios y los ángeles en el cielo la celebran (Lc 15.7, 10). ¡Hay alegría en el cielo, no solo en la tierra!

Y luego está la historia del eunuco etíope, en Hechos 8. Como eunuco, obviamente no podía tener familia, con hijos e hijas propios. Pero había venido a Jerusalén para adorar al Dios de Israel, tal como Salomón había orado para que sucediera (1R 8.41-43). El eunuco había comprado un rollo del libro de Isaías. Estaba leyendo los versículos que ahora conocemos como Isaías 53, acerca de cómo el Siervo del Señor sufriría la muerte por nuestros pecados. Felipe le explica ese pasaje y lo lleva a la fe en Jesús. Pero me gusta imaginar que Felipe luego le señala al etíope el pasaje cercano que está en Isaías 56, en donde Dios les había hecho una promesa a los eunucos, que no podían tener hijos:

> Les concederé ver grabado su nombre
> dentro de mi templo y de mi ciudad;
> ¡eso les será mejor que tener hijos e hijas!

Y También les daré un nombre eterno
que jamás será borrado (*Is 56.5*).

En otras palabras, aun si no podían tener una familia propia, Dios los incorporaría a su propia familia, cuyo nombre familiar nunca morirá.

Y un poco más adelante, Dios añade que, cuando traiga a los eunucos y extranjeros para que lo adoren y le pertenezcan,

los llevaré a mi monte santo;
¡los llenaré de alegría en mi casa de oración! (*Is 56.7*).

Bueno, este etíope había estado en el monte sagrado y en el templo, en la casa de oración de Dios. Pero no fue sino hasta que logró escuchar las buenas noticias de Jesús, confió en él, y fue bautizado por Felipe que Lucas nos dice que «siguió alegre su camino» (Hch 8.39). Regresó a África, a sus labores en el gobierno de la Reina de Etiopía, pero ahora tenía una nueva familia porque pertenecía a Jesús. Por eso volvió con alegría. De hecho, no solo llevó el evangelio con él a África, sino que, en el libro de Hechos, fue la primera persona no judía en la tierra de Judá y Samaria en ser incorporada a la familia multinacional de Dios. ¡Qué alegría (especialmente si uno es africano)!

2. La alegría es tener un banquete

La alegría, como parte del fruto del Espíritu, es por cierto una palabra del Nuevo Testamento y, como hemos visto, Pablo la utiliza bastante. Pero también es una palabra importante en el Antiguo Testamento. De hecho, ¡se le *ordenó* al pueblo de Israel que se regocijara y se alegrara! Muchas de las canciones en el Libro de los Salmos exhortan al pueblo a celebrar, cantar, alegrarse, alabar, dar gracias, etc. La alegría está en todo el ambiente (a la par de los lamentos y las protestas muy intensas también, obviamente, porque la vida a veces era tan dura para ellos como lo es para nosotros).

Había tres festivales anuales en Israel, la Pascua, que se celebraba junto con la Fiesta del Pan sin levadura, la Fiesta de las Semanas (Pentecostés) y la Fiesta de los Tabernáculos. Se puede leer sobre ellas en Levítico 23 y Deuteronomio 16. Eran oportunidades para que todo el pueblo se tomara un descanso, pues no debían trabajar (además, claro, del día semanal sin trabajo, el sábado). Pero más que ello, se les pedía que se regocijaran.

El Antiguo Testamento no se avergüenza de celebrar las bendiciones de Dios. Todo lo que Dios da debe ser recibido con acción de gracias y alegría. Ello podía incluir: el regalo de la ley; el regalo anual de las cosechas; la palabra de Dios por medio de los profetas; la construcción del templo; un nuevo rey; y todos los regalos ordinarios de la vida cotidiana, como el trabajo, el amor, el matrimonio, la belleza, la naturaleza, el pan y el vino. Hay tanto por lo cual agradecer, tanto por lo cual alegrarnos. Me pregunto si, como cristianos, a veces nos hemos vuelto tan espirituales que nos olvidamos de disfrutar de los dones ordinarios de Dios y no nos permitimos rebosar de alegría.

Sin embargo, habiendo afirmado este punto enfáticamente, debemos darnos cuenta de que en el Antiguo Testamento la alegría terrenal de compartir un banquete como acto gozoso de agradecimiento a Dios está protegida y purificada de dos maneras.

a) La alegría debe ser moralmente limpia

Dios advirtió a Israel que no fueran tentados por aquella clase de «alegría» desenfrenada de los festivales cananeos, que incluían inmoralidad sexual, borrachera, glotonería e idolatría. Los israelitas contaban con dos terribles lecciones prácticas respecto hacia dónde conducía ese clase de «alegría» pecaminosa. Primero, la alocada orgía que sucedió al pie del monte Sinaí mientras Moisés estaba en la cima recibiendo los diez mandamientos (que aparece en Éx 32–34). Y segundo en Moab, cuando fueron tentados a la inmoralidad en Baal Peor, por consejo del vidente pagano Balán (Nm 25; 31.16). En contraste con esos excesos pecaminosos, las fiestas de Israel debían estar llenas de diversión y de comida, pero no llenas de inmoralidad y borrachera. Debían ser ocasiones en las que toda la familia pudiera disfrutar junta sin vergüenza (Dt 16.14).

¿Podemos celebrar nuestra alegría como cristianos de esa forma? Sí, si seguimos el ejemplo del propio Jesús, que podía disfrutar de una buena fiesta, de un banquete de boda y de comer con sus amigos (incluyendo personas con las que otros jamás comerían). «Vino el Hijo del hombre, que come y bebe», dijo Jesús una vez, cuando la gente lo comparó con Juan el Bautista y lo criticaba por comer con cobradores de impuestos, prostitutas y pecadores (Mt 11.19). Jesús podía disfrutar de una buena fiesta con comida y bebida sin consentir el pecado y la inmoralidad.

Y esto también es el mensaje del resto del Nuevo Testamento. La Biblia no prohíbe beber vino, pero sí prohíbe la embriaguez (1Co 5.11; Gá 5.21; Ef 5.18; 1P 4.3). Tampoco prohíbe disfrutar de nuestra comida, pero sí condena la glotonería (Pr 23.20-21; Tit 1.12). No prohíbe el humor ni la risa, pero sí prohíbe las «palabras indecentes, conversaciones necias [y] chistes groseros» (Ef 5.4), la clase de conversación que es sucia o que hiere a los demás. La Biblia nos da abundante espacio y motivos de alegría, pero nos advierte contra permitir que nuestra celebración se hunda en la degradación.

b) La alegría debe ser socialmente inclusiva

Dios les ordenó a los israelitas que celebraran sus fiestas, que se tomaran un descanso, que tuvieran grandes banquetes con mucha comida y bebida; pero también les dijo que se asegurasen de que nadie quedara excluido. Esto se enfatiza dos veces en las instrucciones de Deuteronomio respecto a los festivales.

> Y te alegrarás en presencia del Señor tu Dios en el lugar donde él decida habitar, junto con tus hijos y tus hijas, tus esclavos y tus esclavas, los levitas de tus ciudades, los extranjeros, y los huérfanos y las viudas que vivan en medio de ti (*Dt 16.11*, y se repite en *16.14*).

En otras palabras, los miembros de una familia israelita no debían disfrutar de una gran fiesta mientras sus sirvientes hacían todo el trabajo pesado. Y debían cerciorarse de incluir a aquellos que no tenían tierra propia para cosechar (levitas y extranjeros), e incluir a aquellos que no tenían familias que los mantuvieran (huérfanos y viudas).

Un ejemplo concreto de este principio en acción se encuentra en Nehemías 8. El pueblo de Israel había regresado del exilio a Judá. Nehemías los había guiado en la reconstrucción de la muralla alrededor de Jerusalén. Luego los dirigió en un gran momento de renovación del pacto. Como parte de ese momento, Esdras leyó la ley en voz alta para la gente y los levitas la tradujeron y explicaron para que todos pudieran entender. Cuando la gente comenzó a llorar (probablemente debido a la convicción de su pecado y fracaso), Nehemías y Esdras los alentaron para que dejasen de llorar, y se regocijaran por haber regresado al Señor y a su pacto. ¡Nehemías animó al pueblo a que disfrutaran de la comida y celebraran el momento! Pero, les recomendó que se aseguraran de proveer para aquellos que no tenían ni comida ni bebida. Nadie debía ser excluido.

> Luego Nehemías añadió: «Ya pueden irse. Coman bien, tomen bebidas dulces y compartan su comida con quienes no tengan nada, porque este día ha sido consagrado a nuestro Señor. No estén tristes, pues el gozo del Señor es nuestra fortaleza» (*Neh 8.10*).

Jesús remarcó lo mismo a sus discípulos. De hecho, lo hizo durante una comida, y probablemente avergonzó a su anfitrión cuando lo hizo. Les advirtió que no debían hacer fiestas solo para sus amigos cercanos y vecinos; también debían invitar a aquellos que generalmente no recibían tales invitaciones: los pobres, los necesitados y discapacitados (Lc 14.12-14). Debo confesar que creo que este es uno de los mandamientos más claros de Jesús que muchos de nosotros ignoramos regularmente. Me siento condenado por mi propio fracaso aun mientras escribo esto.

Es una triste realidad que festividades como la Navidad (o en el caso de los Estados Unidos, el Día de Acción de Gracias) pueden ser tiempos donde personas de la tercera edad, los extranjeros que viven en la comunidad, los que viven solos, o aquellos que literalmente no tienen un hogar llegan a sufrir una gran soledad.

Entonces la alegría que es el fruto del Espíritu, si la entendemos a la luz de la Biblia, puede incluir la pura alegría de comer y beber juntos. La alegría es un banquete. No es de extrañar que Jesús usara esa imagen para describir el futuro que disfrutaremos con él en la nueva creación, en el banquete mesiánico. Pero nuestro festejo debe reflejar la alegría del Espíritu Santo para que sea limpio y sano y no esté contaminado con inmoralidad, avaricia, glotonería o excesos. Y debe ser una celebración que incluya a los demás; debemos asegurarnos de que todos los que pertenecen a la familia de Dios estén incluidos, y no solo aquellos que nos agradan.

3. La alegría es tener una fe

La palabra evangelio, que estoy seguro de que ustedes ya lo saben, significa sencillamente «buenas noticias». ¡Y las *buenas* noticias traen alegría simplemente por lo que son, buenas! Si el evangelio bíblico es la mejor y la más grande noticia que el mundo haya escuchado, entonces no existe mayor alegría que creer en el evangelio.

El evangelio nos cuenta las grandes verdades de lo que Dios ha hecho por medio de Cristo para salvar al mundo, por su amor y gracia. En el evangelio, Dios nos promete perdón, vida eterna y un futuro lleno de esperanza para toda la creación. Y estas son cosas que nadie nos puede arrebatar, porque su fundamento se encuentra en Dios y en lo que ha hecho. ¡Y simplemente están llenas de alegría! ¿Cómo no podemos estar felices cuando conocemos las buenas noticias y las creemos?

En este momento podríamos tomar mucho tiempo para disfrutar sencillamente del vasto alcance del evangelio bíblico y agradecerle a Dios que por su gracia tenemos fe en Cristo. La razón de ello es porque el evangelio no es solamente una fórmula o un mecanismo para llegar al cielo, sino que es la buena noticia de toda la historia de la Biblia, de todo lo que Dios ha prometido y cumplido mediante Jesucristo. Incluso un resumen de esa buena noticia nos debe dar alegría, como lo expresa, por ejemplo, el Compromiso de Ciudad del Cabo:

a) *Nos encanta la historia que el evangelio cuenta.* El evangelio anuncia como buenas noticias los hechos históricos de la vida, muerte y resurrección de Jesús de Nazaret. Como hijo de David, el Mesías y rey prometido, Jesús es aquel por medio del cual y exclusivamente, Dios ha establecido su reino y ha actuado para la salvación del mundo, permitiendo que todas las naciones de la tierra sean bendecidas, como prometió a Abraham. Pablo define el evangelio al decir que «Cristo murió por nuestros pecados, conforme a las Escrituras; y que fue sepultado, y que resucitó al tercer día, conforme a las Escrituras; y que apareció a Cefas, y después a los doce». El evangelio declara que, en la cruz de Cristo, Dios asumió sobre sí, en la persona de su Hijo y en nuestro lugar, el juicio que merece nuestro pecado. En el mismo gran acto de salvación, completado, reivindicado y declarado por medio de la resurrección, Dios obtuvo la victoria decisiva sobre Satanás, la muerte y todos los poderes del mal, nos liberó de su poder y del temor a ellos y aseguró su destrucción final. Dios logró la reconciliación de los creyentes con él y entre ellos, logrando superar todas las fronteras y las enemistades. Dios también logró su propósito de reconciliación final de toda la creación, y en la resurrección corporal de Jesús nos ha dado las primicias de la nueva creación. «Dios estaba en Cristo reconciliando consigo al mundo».[4] ¡Cómo nos encanta la historia del evangelio!

b) *Nos encanta la seguridad que el evangelio brinda.* Exclusivamente por la confianza que hemos depositado solo en Cristo, nos hemos unido a él por medio del Espíritu Santo y hemos sido justificados en Cristo ante Dios. Habiendo sido justificados por la fe, tenemos paz con Dios y ya no enfrentamos la condenación. Hemos recibido el perdón de nuestros pecados. Hemos nacido de nuevo a una esperanza viva al compartir la vida resucitada de Cristo. Hemos sido adoptados en calidad de coherederos con Cristo. Hemos pasado a ser ciudadanos del pueblo del pacto de Dios, miembros de la familia de Dios y lugar donde él mora. Así que, al confiar en Cristo, tenemos plena seguridad de la salvación y la vida eterna, ya que nuestra salvación depende, en última instancia, no de nosotros mismos, sino de la obra de Cristo y la promesa de Dios. «Ninguna otra cosa creada nos podrá separar del amor de Dios, que es en Cristo Jesús Señor nuestro».[5] ¡Cómo nos encanta la promesa del evangelio![6]

La alegría que genera nuestra fe por estas grandes verdades y promesas puede estar presente en nuestras vidas, incluso cuando hay

---

4 Mr 1.1, 14-15; Ro 1.1-4; Ro 4; 1Co 15.3-5; 1 P 2.24; Col 2.15; Heb 2.14-15; Ef 2.14-18; Col 1.20; 2Co 5.19.

5 Ro 4; Fil 3.1-11; Ro 5.1-2; 8:1-4; Ef 1.7; Col 1.13-14; 1P 1.3; Gá 3:26–4:7; Ef 2.19-22; Jn 20.30-31; 1Jn 5.12-13; Ro 8.31-39

6 El Compromiso de Ciudad del Cabo, Parte 1.8.b-c. El Compromiso de Ciudad del Cabo es un documento producido en el Tercer Congreso de Lausana para la Evangelización Mundial (Ciudad del Cabo, 16 al 25 de octubre de 2010). Las referencias bíblicas son parte del texto de este documento. Leerlas todas, junto con los dos párrafos, ¡sería por sí mismo un estudio bíblico lleno de alegría!

sufrimiento, pérdida, duelo, enfermedad o accidentes, e incluso en situaciones de persecución y martirio. Tales cosas, ya sean triviales o terribles, no pueden arrebatarnos la alegría interna que es el fruto del Espíritu.

En el Antiguo Testamento, el Libro de los Salmos se llama en hebreo «Las alabanzas». Sin embargo, el grupo más grande de «alabanzas» en este himnario consiste en lamentos. Ello significa que las personas presentaban delante de Dios su experiencia personal de injusticia u opresión, ataques físicos o verbales, enfermedades terminales, etc. Sus canciones son totalmente sinceras en cuanto a estos temas. No fingían que todo estaba bien ni aparentaban estar felices de todos modos (como a veces nos sentimos presionados a mostrar en nuestras iglesias). Y, sin embargo, al presentar todo su sufrimiento ante la presencia de Dios podían volver a tener esperanza, a alabar e incluso a alegrarse, por causa de su fe inquebrantable en la soberanía de Dios y su confianza en que él jamás los abandonaría. Esta clase de alegría puede enfrentarse al dolor porque es fruto de la fe en el Dios viviente.

Piensen en Habacuc. Su país se encontraba ante una invasión devastadora que podía destruirlos por completo. Habacuc temblaba de miedo ante aquella posibilidad (Hab 3.16). Pero aun en medio de estas circunstancias, él sabía que podía confiar en Dios y alegrarse en él, con esta increíble declaración de fe:

> Aunque la higuera no florezca,
> ni haya frutos en las vides;
> aunque falle la cosecha del olivo,
> y los campos no produzcan alimentos;
> aunque en el aprisco no haya ovejas,
> ni ganado alguno en los establos;
> aun así, yo me regocijaré en el Señor,
> ¡me alegraré en Dios, mi libertador! (*Hab 3.17-18*).

Jesús les dijo a sus discípulos que se alegraran cuando fueran perseguidos, lo cual es un mandamiento asombroso, y cuando llegó la hora realmente lo hicieron (Mt 5.11-12: Hch 5.40-41).

Pienso también en el apóstol Pablo. Algunos de los momentos en que Pablo escribió con más entusiasmo sobre la alegría fueron cuando él mismo se encontraba encadenado en una prisión romana maloliente, a veces después de haber sido flagelado. Habría estado con frío, hambriento, débil y con mucho dolor. Sin embargo, tenía la alegría del evangelio de Cristo dentro suyo. ¡Una vez, Silas y él cantaban salmos en tales circunstancias! (Hch 16.25). Aun en medio del sufrimiento, Pablo podía regocijarse en el evangelio, y decirles a los demás que hicieran lo mismo. Y cuando Pedro les escribió a los cristianos que sufrían mucho bajo la persecución, su primer capítulo habla sobre la «alegría inexpresable y gloriosa» (1P 1.6-9). Entonces, en el Nuevo Testamento, la alegría que es fruto del Espíritu, aquella alegría que proviene de la fe en el evangelio es una alegría sólida y robusta que no la borra el sufrimiento.

Ahora bien, en este punto debemos ser cuidadosos. Por un lado, necesitamos distinguir entre un cristiano que sufre las luchas ordinarias de la vida y puede necesitar un poco de aliento para mantener su alegría en medio de sus problemas y, por otro lado, un cristiano que sufre la enfermedad clínica de la depresión. La depresión puede ser una enfermedad real y devastadora y existen causas físicas y psicológicas que requieren tratamiento médico sensato y profesional, como cualquier otra enfermedad. Entonces, si tenemos una hermana o un hermano en la fe que sufre de ese tipo de depresión diagnosticada, no debemos acercarnos con un saludo feliz y decirles «anímate, sal de esto y alégrate en el Señor». Ello podría ser muy desconsiderado de nuestra parte y, de hecho, podría agravar su sufrimiento, porque «alegrarse en el Señor» es exactamente lo que anhelan, pero no pueden. La pérdida de la alegría en la vida es uno de los peores síntomas de una enfermedad depresiva. Y recuperar la alegría no es solo una cuestión de «esforzarse más». La depresión es una enfermedad, no un fracaso o una debilidad.

Sin embargo, al mismo tiempo, conozco a algunos cristianos que sufren de depresión, incluso dentro de mi familia, que dan testimonio de que todavía tienen la profunda seguridad de la verdad del evangelio y del amor de Dios. Saben que Dios es confiable, aun cuando la vida atraviesa sus momentos más oscuros. Y saber ello en lo más profundo significa que pueden conocer la alegría como un hecho o una verdad *objetiva*, aun cuando no sientan emociones de felicidad. William Cowper sufrió terriblemente por una enfermedad depresiva, y a partir de esa experiencia pudo escribir líneas como estas:

No juzgues al Señor con débil sentimiento,
confía en él por su gracia.
Detrás de una Providencia infortunada,
él esconde un rostro sonriente.

Es por ello que la alegría, la alegría cristiana como fruto del Espíritu, no es una emoción, sino que fluye del ejercicio, en nuestras mentes y voluntades, de la fe en las promesas de Dios en Cristo.

4. La alegría es tener un futuro

Lo cuarto que mencioné que me trae alegría es disfrutar de la creación de Dios. Y, por supuesto, ¡podemos y debemos celebrar la creación con alegría! Los salmistas del Antiguo Testamento lo hicieron con gran energía y belleza, como por ejemplo en los Salmos 65 y 104. Pero la Biblia no solo habla de seres humanos que se regocijan de la creación. Nos dice que la creación misma se regocija y alaba a Dios. No sé cómo sucede ello o cómo Dios recibe tal alegría y alabanzas de la creación no humana, pero la Biblia dice que Dios se alegra de ello.

Pero, al mismo tiempo, sabemos que la creación en su estado actual no es como llegará a ser cuando se complete mediante el poder de Dios. Nuestro pecado ha maldecido a la tierra, si bien un día esa maldición será eliminada (Ap 22.3). Y toda la creación sufre de frustración en su propósito de alabar y glorificar a Dios (Ro 8.20). ¡Pero no para siempre! La Biblia nos dice que el plan de redención de Dios incluye a toda la creación. No es que algún día seremos salvos *aparte de* la tierra, sino que seremos salvos *junto con* toda la creación. Ese es el mensaje conjunto de Romanos 8.16-24.

Se trata de una verdad bíblica que también se remonta al Antiguo Testamento. Isaías nos dice que Dios ya se dedica a crear un nuevo cielo y una nueva tierra, y su manera de describirla nos llena de asombro, alegría, satisfacción y seguridad (Is 65.17-25). A la luz de esa gran esperanza, algunos salmistas anhelan aquel día cuando toda la creación se regocijará, cuando Dios llegue a poner las cosas en orden.

¡Alégrense los cielos, regocíjese la tierra!
¡Brame el mar y todo lo que él contiene!

> ¡Canten alegres los campos y todo lo que hay en ellos!
>> ¡Canten jubilosos todos los árboles del bosque!
> ¡Canten delante del Señor, que ya viene!
>> ¡Viene ya para juzgar la tierra!
> Y juzgará al mundo con justicia,
>> y a los pueblos con fidelidad (*Sal 96.11-13*).

¡El Salmo 98 termina de la misma manera, pero añade que los ríos batirán las palmas y los montes cantarán jubilosos!

Pablo nos dice, en ese asombroso panorama de la gloria del Señor Jesucristo, Hijo de Dios, que toda la creación («todas las cosas en el cielo y la tierra») han sido creadas por él, todas las cosas en él subsisten y han sido reconciliadas con Dios por él y por medio de la sangre de su cruz (Col 1.15-20).

La alegría de la creación gira en torno a Cristo de principio a fin, y el medio por el cual somos salvos (la cruz de Cristo) es también el medio por el cual la creación será restaurada. ¡Seguramente que ello aumenta nuestra alegría por el número de granos de arena a las orillas del mar y el número de estrellas en el cielo!

Y la Biblia termina, no con nosotros subiendo y yendo a algún otro destino, sino con Dios que desciende para habitar con la humanidad redimida en la nueva creación (Ap 21.1-5). Y con esa expectativa, Juan nos dice lo siguiente en su visión:

> Y oí a cuanta criatura hay en el cielo, y en la tierra, y debajo
> de la tierra y en el mar, a todos en la creación, que cantaban:

> «¡Al que está sentado en el trono y al Cordero,
>> sean la alabanza y la honra, la gloria y el poder,
>> por los siglos de los siglos!» (*Ap 5.13*).

Ya que estamos destinados a compartir la alegría de la creación, y ya que la creación está destinada a compartir nuestra alegría (cuando tanto nosotros como la creación seamos finalmente redimidos por la gracia de Dios), entonces podemos experimentar aquella alegría ahora mientras la anticipamos. La alegría está llena de la esperanza por un futuro maravilloso para toda la creación, incluyéndonos a nosotros.

Una reflexión final

Si la alegría es una característica esencial en la vida de los cristianos que están llenos del Espíritu de Dios y que llevan consigo el fruto del Espíritu, *¿por qué, entonces, a menudo está ausente de nuestras vidas?* ¿Por qué los cristianos se ven tan tristes y abatidos tan a menudo?

Quizá porque sencillamente nos *olvidamos.* Es fácil cansarse e irritarse y luego sentir lástima por uno mismo, el gran enemigo de la alegría. Necesitamos hacer el esfuerzo por recordar las grandes verdades del evangelio. Tenemos que repasarlas en nuestras mentes hasta que nos demos cuenta lo inconsecuente que es decir que *creemos* en estas verdades tan maravillosas, y aun así andar angustiados, llenos de lástima por nosotros mismos, esparciendo tristeza sobre todos los que nos rodean. Hablando personalmente, me he dado cuenta de que necesito hablar severamente conmigo mismo sobre este tema, porque fácilmente me siento tentado a estar triste y sentir lástima por mí mismo. Entonces me arrepiento, y recuerdo el evangelio de la gracia de Dios, y pido que la alegría del Espíritu produzca fruto en mi vida y mis pensamientos.

O quizá desconfiamos de la alegría. La vida tiene que tomarse en serio, decimos. Y es verdad. Podemos pensar que el cristianismo es más que sonreír. Y es verdad. Pero ello no significa que no debamos tener corazones llenos de alegría cuando nuestras vidas están llenas del Espíritu Santo. Después de todo, la Biblia nos muestra muy claramente que Dios no solo *quiere* que estemos alegres, ¡en realidad nos *ordena* que lo estemos! ¡Suena raro decir que la «alegría es un deber», pero es un deber feliz! ¡A Pablo le alegró insistir dos veces, así que obedezcamos!

Alégrense siempre en el Señor. Insisto: ¡Alégrense! (*Fil 4.4*).

Preguntas para la reflexión personal o en grupo

1) *¿Cuáles son algunas de las razones principales para las grandes celebraciones que producen alegría en tu cultura? ¿Pueden participar en ellas los cristianos o son contrarias a lo que la Biblia enseña? ¿De qué maneras?*

2) *¿Ha transformado el evangelio algunas de las festividades de tu cultura en ocasiones para celebrar la alegría cristiana?*

---

3) *Hay alguna diferencia entre la alegría como fruto del Espíritu y la simple y cotidiana felicidad y buen ánimo? Si no son lo mismo, ¿qué es lo que marca la diferencia?*

---

4) *¿Conoces ejemplos de personas (incluso posiblemente tú mismo) que hayan sufrido bastante y aun así lograron mostrar alegría por su fe, incluso si murieron por ella?*

Capítulo 3

La paz

«¡Váyanse y déjenme en paz!»
«¡Que haya un poco de paz por aquí!»

Gritos familiares de frustración en el bullicio cotidiano de la vida. Al parecer, para muchos de nosotros, no hay mucha paz. Hay familias exigentes que sobrellevar. Hay presiones y tensiones laborales que soportar, hay relaciones tensas, o tal vez incluso relaciones abusivas que enfrentar. Están también las ansiedades de la vida, las preocupaciones por el futuro, el inmediato o el más lejano. Y, a la vez, está el constante bullicio y ajetreo de la vida que gira alrededor nuestro multiplicado, para muchas personas, por la inevitable invasión del Internet, los correos electrónicos, las redes sociales, etc.

¿Paz? ¡Ojalá…!

Sin embargo, la palabra «paz» tiene una enorme presencia en la Biblia. En el Antiguo Testamento aparece como aquella hermosa y compleja palabra *shalom*: bienestar en su plenitud, libertad del miedo y de la necesidad, y contentamiento en nuestra relación con Dios, con el prójimo y con la creación. La paz en medio de la tormenta es un regalo de Dios para su pueblo (Sal 29.11). La paz es la promesa de Dios, cuando el amor, la justicia, la verdad y la paz se abracen, y habrá armonía en la tierra y en el cielo (Sal 85.8-10). Jesús y Pablo habrían usado la palabra «paz» muchas veces al día, al saludarse con otros judíos («la paz sea contigo»), como es costumbre hasta el día de hoy entre judíos y árabes. Es una palabra profunda, resonante y extremadamente elocuente.

Pero cuando Pablo le da a la paz el tercer lugar en el fruto del Espíritu, ¿en qué está pensando? Bueno, habla mucho de la paz en sus cartas, y podemos distinguir varias formas en las que usa esta palabra.

No todas encajan precisamente en lo que Pablo incluye en el fruto del Espíritu, pero aun así es útil ver las distintas dimensiones de esta palabra, y luego acercarnos a aquellas dimensiones que Pablo espera ver crecer como fruto en nuestras vidas.

1. La paz que Dios creó

A veces Pablo habla de la paz como algo que Dios, y solamente él, ha logrado. Ello significa que la paz es el resultado del gran trabajo de expiación que Dios realizó por medio de Jesucristo en su cruz y su resurrección. Una de las explicaciones más claras sobre esto se encuentra en Efesios 2. He puesto las frases que hablan de «paz» en cursiva.

> Por lo tanto, recuerden ustedes los gentiles de nacimiento —los que son llamados «incircuncisos» por aquellos que se llaman «de la circuncisión», la cual se hace en el cuerpo por mano humana—, recuerden que en ese entonces ustedes estaban separados de Cristo, excluidos de la ciudadanía de Israel y ajenos a los pactos de la promesa, sin esperanza y sin Dios en el mundo. Pero ahora en Cristo Jesús, a ustedes que antes estaban lejos, Dios los ha acercado mediante la sangre de Cristo.
>
> Porque *Cristo es nuestra paz*: de los dos pueblos ha hecho uno solo, derribando mediante su sacrificio el muro de enemistad que nos separaba, pues anuló la ley con sus mandamientos y requisitos. Esto lo hizo para crear en sí mismo de los dos pueblos una nueva humanidad *al hacer la paz*, para reconciliar con Dios a ambos en un solo cuerpo mediante la cruz, por la que dio muerte a la enemistad. Él vino *y proclamó paz* a ustedes que estaban lejos y paz a los que estaban cerca. Pues por medio de él tenemos acceso al Padre por un mismo Espíritu (*Ef 2.11-18*).

Observen la manera en que Pablo utiliza la palabra «paz» en cada una de las tres ocasiones. Primero, Cristo «*es nuestra paz*», es decir, cualquier paz que tengamos como enemigos reconciliados, la tenemos en Cristo. Aquello solo es posible porque, en segundo lugar, «*hizo la paz»* derribando, mediante la cruz, el muro de enemistad que separaba a gentiles y judíos. Y, en tercer lugar, por medio de la predicación de los apóstoles, Cristo vino y *«proclamó la paz»* a los que antes estaban lejos.

En este contexto, Pablo se refiere a la paz «definitiva» que la obra de Dios logró mediante Cristo en la cruz. Es algo que Dios hizo por nosotros. No es la paz como fruto del Espíritu en nuestras vidas. La paz como fruto del Espíritu tiene que ver con nuestro carácter aquí y ahora, y no con la obra de Dios en aquel momento. Entonces, aunque este aspecto de la paz, aquella que Dios realizó, es absolutamente fundamental para el evangelio, probablemente no es a lo que se refiere Pablo cuando habla de la paz como fruto del Espíritu en Gálatas 5.

2. La paz que Dios da

Quizás, entonces, lo que Pablo tiene en mente es *la paz que Dios da*. Y ello se da en dos dimensiones: la paz *con* Dios, y la paz *de* Dios.

a) La paz con Dios

Se trata de la muy querida declaración que Pablo ofrece al comienzo de Romanos 5:

En consecuencia, ya que hemos sido justificados mediante la fe, tenemos *paz con Dios* por medio de nuestro Señor Jesucristo. También por medio de él, y mediante la fe, tenemos acceso a esta gracia en la cual nos mantenemos firmes (Ro 5.1–2).

Cuando depositamos nuestra confianza en Jesús, quien murió por nuestros pecados, sabemos que ingresamos a una relación correcta con Dios, lo cual nos da paz. Paz con Dios significa paz de corazón y de conciencia, la ausencia de culpa y miedo. Ya no tenemos que sentir ansiedad por el veredicto de Dios en el día final. En Cristo se nos declara entre los justos, aquellos que pertenecen a la familia de Dios. Y todo se debe a la gracia de Dios. Esto es algo maravilloso y tal vez un poco más cercano al significado de la paz como fruto del Espíritu. Porque a menos que estemos en paz con Dios por medio de la fe, el Espíritu de Dios no está obrando en nuestras vidas. Pero una vez que nuestra relación con Dios se establece, el Espíritu de Dios derrama su nueva vida en nuestras vidas y esa vida de Dios comienza a dar fruto.

b) La paz de Dios

Pero la paz que Dios da no es solamente la paz *con Dios*, también es la paz *de Dios*. Ello significa paz mental, estar libres de la ansiedad y el pánico. Jesús nos dijo que no nos preocupemos, sino que confiemos en nuestro Padre celestial. Sus palabras describen una calidad de paz que refleja la presencia del Espíritu de Dios:

> Por eso les digo: No se preocupen por su vida, qué comerán o beberán; ni por su cuerpo, cómo se vestirán. ¿No tiene la vida más valor que la comida, y el cuerpo más que la ropa? Fíjense en las aves del cielo: no siembran ni cosechan ni almacenan en graneros; sin embargo, el Padre celestial las alimenta. ¿No valen ustedes mucho más que ellas? ¿Quién de ustedes, por mucho que se preocupe, puede añadir una sola hora al curso de su vida?
>
> ¿Y por qué se preocupan por la ropa? Observen cómo crecen los lirios del campo. No trabajan ni hilan; sin embargo, les digo que ni siquiera Salomón, con todo su esplendor, se vestía como uno de ellos. Si así viste Dios a la hierba que hoy está en el campo y mañana es arrojada al horno, ¿no hará mucho más por ustedes, gente de poca fe? Así que no se preocupen diciendo: «¿Qué comeremos?» o «¿Qué beberemos?» o «¿Con qué nos vestiremos?». Los paganos andan tras todas estas cosas, pero el Padre celestial sabe que ustedes las necesitan. Más bien, busquen primeramente el reino de Dios y su justicia, y todas estas cosas les serán añadidas. Por lo tanto, no se angustien por el mañana, el cual tendrá sus propios afanes. Cada día tiene ya sus problemas (*Mt 6.25-34*).

Pablo repite las enseñanzas de Jesús, y las vincula explícitamente con la paz que Dios da. «No se inquieten por nada; más bien, en toda ocasión, con oración y ruego, presenten sus peticiones a Dios y denle gracias. Y la paz de Dios, que sobrepasa todo entendimiento, cuidará sus corazones y sus pensamientos en Cristo Jesús» (Fil 4:6-7).

No se trata de una actitud superficial de indiferencia o despreocupación. Más bien es una confianza anclada en el cuidado paternal de Dios y una constante y firme disposición a no ceder ante las ansiedades. Es un acto de la voluntad en el cual elegimos no preocuparnos, sino orar y confiar en Dios. Y toda la Biblia nos asegura que Dios es confiable. Podemos estar en paz.

Pero, volviendo a la «vida real», aquel mundo del trabajo y del trajín diario, ¿podemos tener «paz» allí? ¿Podemos tener paz en medio de todas las tensiones cotidianas de la vida, en el trabajo, en el hogar? Pablo no solo respondería: «Sí podemos»; creo que agregaría que *eso es exactamente donde más importa*. Porque una vida llena de esta clase de paz es un testimonio poderoso del evangelio. Es exactamente en un hogar o un trabajo no cristiano donde la persona que vive con la paz de Dios en su corazón, y que trabaja para crear o restaurar paz entre los demás, destaca y se hace notar.

Como mencionamos en el capítulo anterior, la alegría y la paz van de la mano. Un cristiano se destacará (y a menudo le harán preguntas) si tiene la clase de alegría que no es afectada por actitudes cínicas de desesperación y negatividad que fácilmente pueden dominar los ambientes laborales. De igual manera, su alegría no proviene de fiestas alocadas y ocasiones para la embriaguez y la glotonería. Mas bien, tienen una clase de alegría interna que es palpable incluso en momentos de dolor, pérdida o sufrimiento: una alegría profunda, que no depende del alcohol, el sexo o el dinero.

Del mismo modo, un cristiano con paz, que no sufre tormento por la ansiedad o presión por despiadadas ambiciones, que no queda destrozado si no logra una promoción o pierde la esperanza ante la amenaza (o el hecho) de perder su trabajo, pero que tiene una paz interna que fluye de su confianza en Dios, esa clase de persona, está dando testimonio de Jesús de manera silenciosa. Está siendo como Cristo al confiar en su Padre celestial en medio de todo lo que la vida trae, aun las cosas difíciles.

Como podrán ver, cultivar el fruto del Espíritu no tiene que ver con pulir nuestra propia corona, ni con mantener una buena imagen. Ese tipo de cosas son estúpidas y falsas y todos (incluyendo a Dios) pueden verlas por lo que son. De lo que sí se trata es de hacer a Cristo visible y al evangelio atractivo.

3. La paz que Dios pide

Hemos pensado sobre la paz que Dios realizó (mediante la cruz de Cristo), y la paz que Dios da (paz mental y de conciencia). Pero hay un tercer tipo de paz, y es *la paz que Dios nos pide que nos esforcemos por practicar en nuestras vidas*. Dios nos pide que vivamos en paz con los demás y que trabajemos por la paz entre los cristianos y, obviamente, por la paz en todo el mundo. Este caso, por un amplio margen, es el uso más frecuente que Pablo le da a esta palabra y, casi seguramente, es la clase de paz que tiene en mente en su lista del fruto del Espíritu en Gálatas 5.22.

Dios, habiendo hecho la paz entre él y nosotros (a su propio costo, mediante la muerte de Cristo en la cruz), ahora nos pide que vivamos en paz unos con otros, como una manera de «demostrar» con nuestras propias vidas el poder transformador de la cruz. Pero ello no nos nace de forma natural, en nuestra condición caída, pecaminosa y fragmentada. Es algo que tiene que cultivarse como un fruto, el fruto del Espíritu de Dios que obra dentro de nosotros y entre nosotros. Por ello Pablo puede describirlo como un fruto, y también decirnos que nos esforcemos por vivir de esa manera.

Una de las mejores maneras para pensar en lo que esto significa es regresar al texto en el cual encontramos el vínculo estrecho entre la alegría y la paz: **Romanos 14.1–15.13**. Sería muy útil hacer una pausa por un momento y leer toda esa sección. ¡Leer la Biblia siempre es mejor que leer cualquier otro libro, incluyendo este! Y cuando hayan leído ese pasaje, mantengan sus Biblias abiertas en ese texto mientras siguen leyendo este capítulo.

Pablo escribía a los cristianos en la gran ciudad cosmopolita de Roma. Muchos de ellos habían llegado a la fe a partir de un trasfondo completamente gentil y pagano. No ponían reparo en comer cualquier tipo de comida ni acostumbraban a celebrar festividades religiosas. Pero algunos de los cristianos en Roma eran judíos que habían creído en Jesús como el Mesías. Había enormes diferencias entre estos grupos, a pesar de que ahora todos creían en Jesús y se congregaban en la misma iglesia. Venían de trasfondos culturales y religiosos muy distintos. Algunos pensaban que podían comer cualquier carne de la carnicería, como siempre lo habían hecho. Otros se escandalizaban porque pensaban que ese tipo de carne era impura e idolátrica. Algunos querían observar el día de reposo como siempre lo habían hecho. A otros no les importaba qué día era; tenían que trabajar todos los días de todos modos (especialmente si eran esclavos), entonces, ¿qué diferencia había si era sábado?

Al parecer aquellos de origen gentil se creían «los fuertes» (es decir, tenían una gran fe y sabían que asuntos como la comida y los días no afectaban su salvación y su relación con Cristo). Y tal vez llamaban a los creyentes judíos «los débiles» porque estos todavía se apegaban a sus costumbres y escrúpulos judíos, comiendo solo verduras, por ejemplo, para evitar cualquier contaminación de carne que fuera ritualmente impura o sacrificada a los ídolos.

Ahora bien, estas no eran cuestiones de menor importancia. Podríamos pensar: ¿Por qué tanto alboroto sobre carne o verduras? ¿Qué importa? Pero importaba mucho, especialmente para los creyentes judíos. Aquellas diferencias de trasfondo cultural y religioso generaban muchas disputas y discusiones, tanto teológicas como prácticas. Pero Pablo se toma un capítulo y medio instando a ambas partes a «aceptarse mutuamente» y a «no entrar en discusiones». Vale notar que Pablo da por sentado que siempre habrá «discusiones» en cualquier grupo de cristianos. No siempre estaremos de acuerdo en todo. Así es la vida. Pero el punto clave no es que debemos *estar de acuerdo* unos con otros todo el tiempo, sino que debemos aceptarnos unos a otros, aun con aquellos que ven las cosas de manera muy distinta, porque sabemos que la otra persona es creyente y ama al Señor Jesucristo como nosotros. Así es como comienza Pablo:

> Reciban al que es débil en la fe, pero no para entrar en discusiones. A algunos su fe les permite comer de todo, pero hay quienes son débiles en la fe, y solo comen verduras. El que come de todo no debe menospreciar al que no come ciertas cosas, y el que no come de todo no debe condenar al que lo hace, pues Dios lo ha aceptado (*Ro 14.1-3*).

Pablo comienza diciéndoles, categóricamente, que deben evitar dos actitudes opuestas y que fácilmente pueden envenenar a cualquier iglesia cristiana. Así que les dice, en el versículo 3:

- *¡Sin desprecio!* Es decir, los cristianos gentiles no deben menospreciar a los creyentes judíos por lo que parecieran ser reglas e idiosincrasias obsoletas respecto a la comida y a los días; y
- *¡Sin condena!* Es decir, los creyentes judíos no deben juzgar a los gentiles por lo que pareciera ser (para los judíos) un comportamiento demasiado libre y fácil.

Por el contrario, Pablo les ordena: «esforcémonos por promover todo lo que conduzca a la paz…» (14.19). Esa es su instrucción fundamental en toda esta sección. Y lo refuerza con toda una serie de argumentos que debemos tomar muy en serio. Tómense un buen tiempo para leer los versículos citados en cada uno de los subtítulos que siguen abajo. ¡Quiero que escuchen más a Pablo que a mí!

a) Estamos sujetos al mismo Señor (14.1-10)

Se trata del punto central de la primera parte del argumento de Pablo, y tiene varios aspectos.

i) Hemos sido aceptados por el mismo Señor (14.3; 15.7). Independientemente de nuestras opiniones respecto a diferentes asuntos, hemos sido aceptados por Dios en Cristo. De hecho, la esencia del evangelio es que Dios no solo ha aceptado a judíos y gentiles en Cristo, sino que los ha convertido en una nueva humanidad, como explica Pablo en Efesios 2. Entonces, también compartimos el mismo evangelio, y ese evangelio nos ha hecho uno. Por tanto, si yo rechazo o me niego a reunirme con otra persona que cree en Jesús como Señor y Salvador, entonces en efecto le estoy diciendo a esa persona: «Bueno, Dios puede haberte aceptado, pero yo no. Cristo te ha dado la bienvenida, pero nosotros no». Estamos frente a un pecado grave contra el propio evangelio.

ii) Somos todos siervos del mismo Señor, así que no tenemos derecho a juzgarnos los unos a los otros (14.4). Solo Dios (nuestro Señor) tiene el derecho a juzgarnos, y lo hará. Así que no debemos asumir una postura de juicio que solo le pertenece a Dios.

iii) Todos vivimos «para el Señor», en cada aspecto de nuestra vida y, por cierto, en vida o en muerte (14.5-9). Entonces, no importa lo que hagamos, debemos hacerlo como si estuviéramos en *su* presencia, bajo *su* aprobación y no para complacer a los demás.

iv) En definitiva todos tendremos que comparecer ante el tribunal de Dios (14.10-12). Y cuando anticipemos aquel día del juicio, nuestras diferencias actuales deberían parecernos mucho menos importantes. Cuando estemos ante el tribunal de Dios, ¿habrá alguna diferencia que yo haya sido un carismático entusiasta y que tú insistías en cultos muy serios y formales? ¿Qué diferencia habrá que yo haya sido un pentecostal brasileño y tú un anglicano occidental? ¿Qué diferencia habrá que yo haya creído que el milenio debía venir primero y que tú creías que ya había pasado? ¿Qué diferencia habrá que yo haya sido una mujer africana que predicaba el evangelio, plantaba iglesias y enseñaba a miles de personas cómo ser discípulos, pero tú pensabas que, siendo mujer, no debía haber hecho todo aquello? Y si cosas así no importarán en el tribunal de Cristo, ¿por qué permitimos que importen tanto *ahora*? ¿Por qué hemos dejado que nos dividan en facciones en guerra?

b) El amor de Cristo nos obliga (14.13-23)

Lo que Pablo escribe aquí es muy similar a su enseñanza en 1 Corintios 8 y 10 respecto a la carne sacrificada a los ídolos. Pablo dice que los cristianos tienen libertad respecto a lo que comen o beben, porque todos los alimentos, en última instancia, provienen de Dios y pueden ser recibidos con acción de gracias. Pero presumir de tu libertad frente a otro cristiano, sin ninguna sensibilidad por su conciencia y por lo que siente respecto al asunto, es fracasar rotundamente en el ejercicio del amor cristiano, y ello es un serio pecado. De hecho, cuando uno peca contra otro creyente, peca contra Cristo (1Co 8.12).

Pablo no dice que todos debemos amoldarnos a las personas que tienen más escrúpulos. Aquello puede convertirse en una situación muy manipuladora dentro de una comunidad cristiana. ¡Todos se amoldan a los más débiles, y los más débiles, paradójicamente, ejercen gran poder! Lo que dice Pablo en Romanos 14.14 supone que existe un tiempo y un espacio propicio para ayudar a la gente a llegar a una comprensión más madura de lo que significa y lo que no significa ser cristiano. Todos necesitamos educar a nuestras conciencias por medio del estudio continuo de las Escrituras, la oración y la hermandad cristiana. Esto nos ayudará a lograr un mejor equilibrio entre las ocasiones en que podemos actuar con madurez y libertad, y aquellas en donde necesitamos ejercer moderación con amor y sensibilidad. ¡Y ello nunca es fácil! A menudo pensamos o nos preguntamos: «¿Dónde debo marcar el límite?». No hay una respuesta fácil. Pero tratemos de no obsesionarnos tanto con «marcar límites» que pueden terminar dividiendo el cuerpo de Cristo y hacernos olvidar la misión que tenemos juntos con él. El amor por el cual vivimos es más importante que cualquier limite que queramos trazar.

c) Debemos permitir que el ejemplo de Cristo nos forme (15.1-8)

Pablo llega al clímax de su argumento llevándonos a mirar otra vez al propio Cristo. Lo que dice en Romanos 15.2 es muy similar a Filipenses 2.

> No hagan nada por egoísmo o vanidad; más bien, con humildad consideren a los demás como superiores a ustedes mismos. Cada uno debe velar no solo por sus propios intereses, sino también por los intereses de los demás. La actitud de ustedes debe ser como la de Cristo Jesús (*Fil 2.3-5*).

Y en ambos pasajes, Jesús es el ejemplo que debemos seguir: «Porque ni siquiera Cristo se agradó a sí mismo, sino que, como está escrito: "Sobre mí han recaído los insultos de tus detractores"» (Ro 15:3).

Esa cita proviene del Salmo 69, que describe un sufrimiento inmerecido. Sin embargo, mientras que el salmista pedía el juicio de Dios sobre aquellos que lo atormentaban (Sal 69.7-8), Jesús rogó a su Padre que perdonara a los que lo crucificaron. Y Pablo nos dice que sigamos su ejemplo, como lo hizo Esteban, el primer mártir de Jesús (Hch 7.59-60). Entonces, en los versículos 4 y 13, Pablo conecta el ejemplo de Jesús con las Escrituras, y hace que ello sea parte de la receta para estar llenos de esperanza, paz y alegría.

Pero Pablo va aún más lejos y convierte su enseñanza en una poderosa oración.

> Que el Dios que infunde aliento y perseverancia les
> conceda vivir juntos en armonía, conforme al ejemplo de
> Cristo Jesús, para que con un solo corazón y a una sola
> voz glorifiquen al Dios y Padre de nuestro Señor Jesucristo
> (*15.5-6*).

Pablo nos muestra lo que significa la verdadera paz entre los creyentes (cuando se aceptan unos a otros y se esfuerzan para convivir en paz, incluso cuando están en desacuerdo). Significa que tienen la mente de Cristo. Significa que realmente pueden cantar juntos a una sola voz cuando rinden culto a Dios. Y significa que traerán gloria a Dios Padre. Todo ello suena maravilloso. Pero cuando uno piensa en lo contrario para cada caso, nos sirve como una fuerte advertencia.

Cuando luchamos y nos condenamos los unos a los otros, cuando denunciamos a otros cristianos, cuando nos separamos de ellos y fomentamos todo tipo de divisiones dentro de la iglesia, entonces:

- No tenemos la mente de Cristo
- El culto a Dios «a una sola voz» se vuelve una farsa
- Privamos a Dios de su gloria

La paz, como Pablo la describe, es un asunto serio. No se trata sencillamente de un sentimiento placentero. Es la esencia del evangelio de Cristo y la gloria de Dios. Seguramente que Pablo lo habría expresado con la misma severidad a las iglesias de hoy en día, donde encontramos una condenación que parece interminable entre cristianos que ven asuntos de diferente manera. Seguramente que nos habría advertido, como lo hizo a los gálatas: «Pero, si siguen mordiéndose y devorándose, tengan cuidado, no sea que acaben por destruirse unos a otros» (Gá 5.15).

Para Pablo, buscar la paz y vivir en paz es una parte muy importante de la convivencia de los cristianos. La razón por la cual nos detuvimos bastante tiempo en esta sección de Romanos 14-15 es que aquí es donde Pablo expande y explica este tema a profundidad. Pero vale notar en cuántas otras ocasiones Pablo dice lo mismo, pero más brevemente:

- Romanos 12.18: «Si es posible, y en cuanto dependa de ustedes, vivan en *paz* con todos».

- 1 Corintios 7.15: (en el contexto del matrimonio) «Dios nos ha llamado a *vivir en paz*».
- 1 Corintios 14.33 (en el contexto de nuestros cultos y alabanzas) «porque Dios no es un Dios de desorden, sino de *paz*».
- 2 Corintios 13.11: (en el contexto de divisiones en la iglesia) «En fin, hermanos, alégrense, busquen su restauración, hagan caso de mi exhortación, sean de un mismo sentir, vivan en *paz*. Y el Dios de amor y de *paz* estará con ustedes».
- Efesios 4.3: «Esfuércense por mantener la unidad del Espíritu *mediante el vínculo de la paz*».
- Colosenses 3.15: «Que gobierne en sus corazones *la paz de Cristo*, a la cual fueron llamados en un solo cuerpo. Y sean agradecidos».

¿Qué significa practicar la paz de ese modo, cultivar aquel fruto del Espíritu en nuestras vidas?

Bueno, como mínimo debería significar:

- que buscamos abordar y resolver conflictos entre nosotros, en lugar de agrandarlos (o causarlos en primer lugar);
- que debemos estar atentos a evitar el tipo de palabras y actitudes que fácilmente crean malentendidos y división;
- que deberíamos disculparnos rápidamente y pedir perdón (incluso cuando no somos, estrictamente hablando, ¡los que están equivocados!). «Lo siento» puede ser la palabra más difícil de decir, pero a menudo es el primer paso para retornar a la paz;
- que no nos apresuremos a defendernos cuando se dicen o hacen cosas en contra nuestra, sino que permitamos que Dios reivindique la verdad en su propio tiempo. Pablo dijo que es mejor padecer un mal que llevar a otro cristiano a la corte;
- que debemos seguir cuidadosamente las instrucciones de Jesús respecto a cómo comportarnos en situaciones de conflicto (Mt 18.15-17), en lugar de hacerlo público en la prensa o en blogs, etc.;
- sobre todo, que evitemos todo tipo de chisme acerca de los demás, y aprendamos la estricta disciplina de mantener los secretos que otros nos han confiado.

Quizás la mejor manera de terminar este capítulo es con una oración, comúnmente atribuida a San Francisco de Asís (aunque técnicamente el autor es anónimo):

> Señor, haz de mi un instrumento de tu paz.
> Que allá donde hay odio, yo ponga el amor.
> Que allá donde hay ofensa, yo ponga el perdón.
> Que allá donde hay discordia, yo ponga la unión.
> Que allá donde hay error, yo ponga la verdad.
> Que allá donde hay duda, yo ponga la fe.
> Que allá donde hay desesperación, yo ponga la esperanza.
> Que allá donde hay tinieblas, yo ponga la luz.
> Que allá donde hay tristeza, yo ponga la alegría.
> Oh Señor, que yo no busque tanto ser consolado, cuanto consolar,
> ser comprendido, cuanto comprender,
> ser amado, cuanto amar.
> Porque es dándose como se recibe,
> es olvidándose de sí mismo como uno se encuentra a sí mismo,
> es perdonando, como se es perdonado,
> es muriendo como se resucita a la vida eterna.

Preguntas para la reflexión personal o en grupo

1) *¿Qué historias bíblicas podrías utilizar para ilustrar el poder de la reconciliación y la paz?*

____

____

____

2) *¿Qué ejemplos se te ocurren a partir del contexto de tu iglesia o cultura donde los cristianos se convirtieron en instrumentos de paz y reconciliación?*

____

____

____

____

3) *¿Existen conflictos o divisiones presentes en tu iglesia o en la comunidad cristiana de tu país? Considera si fuera bueno preparar una serie de sermones o estudios bíblicos sobre Romanos 14-15, como una manera de trabajar para traer la paz y la reconciliación.*

____

____

____

____

4) *¿De qué maneras piensas que tu propia vida demuestra la paz como fruto del Espíritu, y en qué maneras deberías orar para que este fruto se haga aún más visible en tu vida?*

____

____

____

____

____

Capítulo 4

La paciencia

El amor, la alegría, la paz.

Los primeros tres artículos en la canasta de fruta de Pablo suenan muy espirituales, casi celestiales. Por lo menos son excelentes para los domingos. Pero el siguiente artículo, «la paciencia», nos trae de vuelta a un lunes en el planeta tierra. ¿Cómo será vivir con ella el resto de la semana? ¿Cómo enfrentaremos todas aquellas presiones en medio del ajetreo diario?

La palabra que Pablo utiliza significa literalmente «longanimidad». En traducciones más antiguas aparece también como «sufrimiento». Más recientemente, la palabra expresa un significado doble: «ser paciente» y «ser indulgente» (que se inclina a perdonar). Ambos significados son necesarios para entender el significado completo de este término que Pablo utiliza. La paciencia como fruto del Espíritu significa:

a) la habilidad de *soportar por un largo tiempo* cualquier tipo de oposición y sufrimiento que aparezca en nuestro camino, y mostrar *longanimidad* sin tomar represalias o querer vengarse.
b) la habilidad de *aguantar* las debilidades y falencias de otros (incluyendo las de otros creyentes), y mostrar *indulgencia*, sin irritarse fácilmente o enojarse lo suficiente para querer pelear.

Así que la paciencia es una palabra tenaz. Demanda fortaleza y resistencia, y depende de nuestra capacidad de controlar nuestras reacciones hacia los demás. Nada de ello es fácil. No es algo natural, es por ello que necesitamos que el Espíritu de Dios la haga crecer en nuestras vidas.

Pero antes de que pensemos respecto a cómo deberíamos comportarnos *nosotros*, debemos comenzar pensando sobre la paciencia de Dios mismo. Vale recordar que cuando hablamos del fruto del Espíritu, significa que el mismo carácter de Dios está dando fruto en nuestro carácter. La vida de Dios está obrando en nuestra vida.

1. La paciencia de Dios en el Antiguo Testamento

Quizá no nos imaginamos pensar en la paciencia de Dios en el Antiguo Testamento. Muchas personas creen que el supuesto «Dios del Antiguo Testamento» siempre estaba enojado, o que de repente se irritaba. Bueno, ciertamente hay algunos ejemplos espectaculares de la ira de Dios contra el pecado o la arrogancia de las personas. Pero, de hecho, cuando Dios se identificó y describió a Moisés, esto es lo que dijo: «El Señor, el Señor, Dios clemente y compasivo, lento para la ira, y grande en amor y fidelidad» (Éx 34.6).

«Lento para la ira» es una buena manera de expresar el significado de la paciencia. Ahora bien, esa declaración proviene del contexto de un gran pecado cometido por el pueblo de Israel en el monte Sinaí. Fue su apostasía e idolatría con el becerro de oro (Éx 32). Y ciertamente Dios ejecutó su juicio en esa ocasión. Pero, mientras que él había amenazado con destruirlos por completo, la respuesta de Dios frente a la intercesión de Moisés fue salvar a la nación en su conjunto y continuar guiándolos hacia el camino que tenían por delante (Éx 33.12-17).

Ese famoso versículo (Éx 34.6) tiene frecuentes ecos a lo largo del Antiguo Testamento. Uno de los más hermosos se encuentra en el Salmo 103:

> El Señor es clemente y compasivo,
>> lento para la ira y grande en amor.
> No sostiene para siempre su querella
>> ni guarda rencor eternamente.
> No nos trata conforme a nuestros pecados
>> ni nos paga según nuestras maldades (*Sal 103.8-10*).

Poco después, el salmista compara la compasión de Dios con la forma en que un padre responde a sus hijos, lo que sin duda requiere de mucha paciencia.

Incluso cuando claramente se merece el juicio de Dios, él es paciente, especialmente cuando existe la posibilidad de arrepentimiento. Esto es lo que descubrió Jonás. ¡Bueno en realidad Jonás ya lo sabía, y precisamente *critica* a Dios por ser tan paciente e indulgente! Jonás estaba enojado y avergonzado porque esa misma cualidad que Dios había mostrado tantas veces a Israel, ahora la estaba extendiendo para beneficio de los extranjeros que Jonás tanto odiaba (Jon 3.10–4.4).

«Lento para la ira», dijo Dios acerca de si mismo. Incluso cuando la ira de Dios es correcta y necesariamente encendida por la maldad y el pecado humano, su ira no dura para siempre. Miqueas vio ese aspecto del carácter de Dios (que no permanece enojado para siempre) como algo *únicamente* de Yahvé, el Dios de Israel, algo que no ocurría con otros dioses.

> ¿Qué Dios hay como tú,
>   que perdone la maldad
> y pase por alto el delito
>   del remanente de su pueblo?
> No siempre estarás airado,
>   porque tu mayor placer es amar.
> Vuelve a compadecerte de nosotros.
>   Pon tu pie sobre nuestras maldades
>   y arroja al fondo del mar todos nuestros
>   pecados (*Mi 7.18-19*)

En la historia de Israel en el Antiguo Testamento, hubo tiempos donde Dios estaba enojado, pero deben verse a la luz de la larga historia de la paciencia que Dios extendió durante tantos siglos y generaciones. A menudo, el juicio de Dios apareció solo después de muchos años de advertencias y súplicas de profeta tras profeta. De hecho, algunos de aquellos profetas se maravillaron de la paciencia de Dios ante la constante rebelión y el pecado de Israel. A continuación, algunos ejemplos:

i) Oseas dice que Dios ha sido paciente con Israel como los padres deben ser con sus hijos rebeldes. La paciencia paternal se expresa de una manera muy elocuente en las palabras de Dios por medio de Oseas:

> Desde que Israel era niño, yo lo amé;
>> de Egipto llamé a mi hijo.
> Pero cuanto más lo llamaba,
>> más se alejaba de mí.
> Ofrecía sacrificios a sus falsos dioses
>> y quemaba incienso a las imágenes.
> Yo fui quien enseñó a caminar a Efraín;
>> yo fui quien lo tomó de la mano.
> Pero él no quiso reconocer
>> que era yo quien lo sanaba.
> Lo atraje con cuerdas de ternura,
>> lo atraje con lazos de amor.
> Le quité de la cerviz el yugo,
>> y con ternura me acerqué
>>> para alimentarlo (*Os 11.1-4*).

ii) Jeremías pasó cuarenta años de su vida suplicando pacientemente a Israel que se volviera a Dios y cambiara de conducta, pero no lo hicieron. Así es como habló Dios por medio de Jeremías:

> «Yo mismo dije:
> "¡Cómo quisiera tratarte como a un hijo,
>> y darte una tierra codiciable,
>> la heredad más hermosa de las naciones!"
> Yo creía que me llamarías "Padre mío",
>> y que nunca dejarías de seguirme.
> Pero tú, pueblo de Israel,
>> me has sido infiel
>> como una mujer infiel a su esposo»,
>>> afirma el Señor (*Jer 3.19-20*).

> «Pero tú les advertirás que así dice el Señor:
> "Cuando los hombres caen,
>> ¿acaso no se levantan?
> Cuando uno se desvía,
>> ¿acaso no vuelve al camino?
> ¿Por qué entonces este pueblo se ha desviado?
>> ¿Por qué persiste Jerusalén en su apostasía?

Se aferran al engaño,
    y no quieren volver a mí.
He escuchado con suma atención,
    para ver si alguien habla con rectitud,
pero nadie se arrepiente de su maldad;
    nadie reconoce el mal que ha hecho.
Todos siguen su loca carrera,
    como caballos desbocados en combate.
Aun la cigüeña en el cielo
    conoce sus estaciones;
la tórtola, la golondrina y la grulla
    saben cuándo deben emigrar.
Pero mi pueblo no conoce
    las leyes del Señor"» (*Jer 8.4-7*).

Desde el año trece de Josías hijo de Amón, rey de Judá, hasta el día de hoy —¡y conste que ya han pasado veintitrés años! —, el Señor me ha dirigido su palabra, y yo les he hablado en repetidas ocasiones, pero ustedes no me han hecho caso.

Además, una y otra vez el Señor les ha enviado a sus siervos los profetas, pero ustedes no los han escuchado ni les han prestado atención (Jer 25.3-4).

iii) Posiblemente era Jeremías quien Santiago tenía en mente cuando hizo de los profetas su principal ejemplo de paciencia. «Hermanos, tomen como ejemplo de sufrimiento y de paciencia a los profetas que hablaron en el nombre del Señor» (Stg 5.10).

iv) La paciencia tiene mucho que ver con cuanto uno está dispuesto a soportar o cargar. Es por ello que, cuando perdemos la paciencia, decimos: «¡No aguanto más!». Isaías describe una discusión entre Dios e Israel, en el cual Dios dice que *él* nunca los abrumó a *ellos* con exigencias, sino que, por el contrario, *ellos* constantemente lo abrumaron a *él* con sus pecados.

No te he abrumado exigiendo ofrendas de grano,
    ni te he agobiado reclamando incienso.
No me has comprado caña aromática,
    ni me has saciado con el sebo de tus sacrificios.

> ¡En cambio, tú me has abrumado con tus pecados
> y me has agobiado con tus iniquidades! (*Is 43.23, 24*).

Ello no significa, por supuesto, que Dios literalmente se cansa. Lo que sí significa es que cuando Dios está siendo paciente es porque está cargando con el gran peso del pecado humano. Efectivamente, una de las palabras hebreas que se traduce como «perdonar», significa literalmente «soportar, llevar». Así que cuando Dios es paciente, cuando Dios perdona, es solo porque él elige cargar con nuestros pecados, soportar el peso y costo de nuestros pecados sobre sus propios «hombros». Y ello es precisamente lo que Jesús hizo en la cruz,

> Ciertamente él cargó con nuestras enfermedades
> y soportó [o cargó con] nuestros dolores,
>
> …
>
> pero el Señor hizo recaer sobre él
> la iniquidad de todos nosotros.
>
> …
>
> Cargó con [o llevó] el pecado de muchos,
> e intercedió por los pecadores (*Is 53.4, 6, 12*).

Así que cuando Pablo nos dice que el Espíritu de Dios producirá el fruto de la paciencia en nuestras vidas, nos recuerda que el Dios de la Biblia es aquel que cargó con nuestros pecados, los soportó él mismo en la persona de su Hijo, cargando sobre sus propios hombros su ira justa contra toda la maldad e iniquidad. Ese es el verdadero costo de la paciencia de Dios. Y eso nos dirige directamente hacia Jesús.

2. La paciencia de Jesús

La paciencia de Jesús con sus discípulos fue puesta a prueba bastante, ya que muy a menudo tardaban en entender lo que él les decía o hacía (pero no creo que ninguno de nosotros lo habría hecho mejor). Sin embargo, Jesús perseveró con ellos. De hecho, Juan comienza su relato de la última cena de Jesús con sus discípulos así: «Jesús sabía que le había llegado la hora de abandonar este mundo para volver al Padre. Y habiendo amado a los suyos que estaban en el mundo, los amó hasta el fin» (Jn 13.1). Y en esa misma ocasión, después de haberles lavado los pies, y después de comer, Jesús oró a su Padre diciendo: «Mientras estaba con ellos, los protegía y los preservaba mediante el nombre que me diste, y ninguno se perdió sino aquel que nació para perderse, a fin de que se cumpliera la Escritura» (Jn 17.12). Jesús había perseverado con ellos pacientemente a lo largo de todas sus fallas.

Y, como los profetas del Antiguo Testamento, Jesús llora por Jerusalén, mientras piensa en el anhelo paciente de Dios por traerles salvación y protección; pero ellos no se volverían a él.

> ¡Jerusalén, Jerusalén, que matas a los profetas y apedreas a los que se te envían! ¡Cuántas veces quise reunir a tus hijos, como reúne la gallina a sus pollitos debajo de sus alas, pero no quisiste! (*Mt 23.37*).

> Cuando se acercaba a Jerusalén, Jesús vio la ciudad y lloró por ella. Dijo: ¡Cómo quisiera que hoy supieras lo que te puede traer paz! Pero eso ahora está oculto a tus ojos (*Lc 19.41-42*).

La suprema paciencia de Jesús se demostró, por supuesto, mientras soportaba la violencia, la crueldad y la injusticia de la cruz. Y lo hizo precisamente para «cargar/llevar» nuestros pecados, sin tomar represalias, sino confiando en su Padre Dios. En otras palabras, en su sufrimiento y muerte, Jesús soportó no solo la hostilidad inmediata de quienes exigieron y llevaron a cabo su crucifixión, sino también el pecado del mundo, incluido el tuyo y el mío.

Pedro ve el paciente sufrimiento de Jesús como un modelo para nuestra propia resistencia, en palabras que citan y hacen eco de Isaías 53.

> Si sufren por hacer el bien, eso merece elogio delante de Dios. Para esto fueron llamados, porque Cristo sufrió por ustedes, dándoles ejemplo para que sigan sus pasos.
>
> «Él no cometió ningún pecado, ni hubo engaño en su boca».
>
> Cuando proferían insultos contra él, no replicaba con insultos; cuando padecía, no amenazaba, sino que se entregaba a aquel que juzga con justicia. Él mismo, en

> su cuerpo, llevó al madero nuestros pecados, para que
> muramos al pecado y vivamos para la justicia (*1P 2.20-24*).

Naturalmente, por lo tanto, si el Espíritu de Dios es el Espíritu de Jesús (como a veces lo expresa el Nuevo Testamento), entonces esta es una de las maneras en las que nos hará más como Cristo, siguiendo su ejemplo. El fruto del Espíritu incluirá la paciencia que refleja el sufrimiento que Jesús soportó para nuestra salvación.

Y ello nos lleva a nosotros mismos. Hemos visto algo de la paciencia de Dios en el Antiguo Testamento y la paciencia de Cristo en el Nuevo Testamento. ¿Cómo se verá en nuestras vidas cuando aquella paciencia, parecida a la de Dios, crezca como fruto en nuestras vidas?

3. La paciencia en la vida cristiana

Volvamos a los dos significados de la palabra que mencionamos al principio. Significa tanto *longanimidad* (resistir la persecución) como *indulgencia* (perdonarse los unos a los otros), y en el Nuevo Testamento la palabra se usa de ambas maneras.

a) *Soportar el sufrimiento por un largo tiempo*

La Biblia nos enseña muy claramente que el pueblo de Dios sufrirá debido a la hostilidad de aquellos que son enemigos de Dios y del pueblo de Dios, enemigos que pueden ser humanos o satánicos. Y así, el ejemplo de Cristo se vuelve crucial para nosotros. Y cuando pensamos en el sufrimiento de Cristo, lo que importa no es solo *el hecho* de que sufrió, sino *la manera* en que soportó ese sufrimiento. Escuchemos a Pedro nuevamente:

> Queridos hermanos, no se extrañen del fuego de la prueba
> que están soportando, como si fuera algo insólito. Al
> contrario, alégrense de tener parte en los sufrimientos de
> Cristo, para que también sea inmensa su alegría cuando se
> revele la gloria de Cristo. Dichosos ustedes si los insultan
> por causa del nombre de Cristo, porque el glorioso Espíritu
> de Dios reposa sobre ustedes. (…) Pero, si alguien sufre por
> ser cristiano, que no se avergüence, sino que alabe a Dios

> por llevar el nombre de Cristo. (…) Así pues, los que sufren
> según la voluntad de Dios, entréguense a su fiel creador y
> sigan practicando el bien (*1P 4.12-14, 16,19*).

El mensaje de estos versículos es claro. Cuando los cristianos sufrimos:

- *no debería sorprendernos* (Jesús y los apóstoles nos advirtieron una y otra vez que deberíamos esperarlo);
- *no debería haber represalias* (porque seguimos el ejemplo de Cristo, quien no contraatacó, ni siquiera con palabras, cuando podría haber llamado a un ejército de ángeles);
- *no debemos renunciar* (cuando comprometemos nuestra causa a Dios, entonces no nos sentamos a esperar; seguimos haciendo lo que estamos llamados a hacer, a hacer el bien).

Pablo fue igualmente claro, y hablaba por experiencia:

> Tú, en cambio, has seguido paso a paso mis enseñanzas, mi
> manera de vivir, mi propósito, mi fe, mi paciencia, mi amor,
> mi constancia, mis persecuciones y mis sufrimientos. Estás
> enterado de lo que sufrí en Antioquía, Iconio y Listra, y de
> las persecuciones que soporté. Y de todas ellas me libró el
> Señor. Así mismo serán perseguidos todos los que quieran
> llevar una vida piadosa en Cristo Jesús (*2Ti 3.10-12*).

Millones de nuestras hermanas y hermanos cristianos de todo el mundo saben lo que esto significa. Sufren odio, discriminación, encarcelamiento, expulsión de sus hogares y muerte de formas horrendas, por causa de su fe en Jesús. Para ellos, la enseñanza de la Biblia sobre soportar el sufrimiento no es una teoría o una doctrina, sino una terrible realidad.

Debemos orar regularmente por ellos. Pero también debemos orar para tener valentía nosotros mismos. Si llegase nuestro turno de sufrir de alguna manera por ser cristianos en un mundo hostil a nuestra fe o que desaprueba nuestras convicciones y conciencia bíblica, entonces necesitaremos gracia y fuerza para ser como Jesús, con el poder del Espíritu, y mostrar resistencia paciente, no represalias violentas (en palabras o hechos). Realmente necesitamos de esta parte del fruto del Espíritu, soportar el sufrimiento con paciencia.

Sin embargo, en medio de tanto sufrimiento y persecución, incluso cuando estamos soportando pacientemente las pruebas, también existe un tipo de «impaciencia» que es legítima. Es correcto clamar a Dios y orar para que acabe con esto como prometió que lo haría. A lo largo de los siglos, incluso en la Biblia misma, las personas han anhelado la llegada del día cuando Dios pondrá fin a la injusticia, la opresión, la violencia y el mal. «¿Hasta cuándo, Señor?» (Ap 6.9-11). Anhelamos el día en que Dios ciertamente dará la orden «Quédense quietos, reconozcan que yo soy Dios», el día en que él habrá «puesto fin a las guerras en todos los confines de la tierra» (Sal 46.9-10). Pero hasta aquel día, nuestro llamado y desafío es esperar, con esperanza y alegría, porque sabemos que nuestra espera no es en vano.

> Esperamos confiados en el Señor;
> él es nuestro socorro y nuestro escudo.
> En él se regocija nuestro corazón,
> porque confiamos en su santo nombre.
> Que tu gran amor, Señor, nos acompañe,
> tal como lo esperamos de ti (*Sal 33.20-22*).

b) Perdonarnos unos a otros

La paciencia también significa aguantar y tolerar a los demás. Significa que soportamos las cosas que otras personas hacen (o lo que no hacen, cuando desearíamos que lo hicieran). Significa que nos esforzamos por «tener paciencia» hacia otras personas, incluso cuando nos irriten, molesten, o peor aún. La tolerancia es cuando elegimos perdonar a alguien en lugar de guardar rencor. La paciencia es cuando elegimos pasar por alto algo que fue hiriente o cruel, en lugar de contraatacar con palabras duras o asegurarnos de quedar «a mano» con esa persona. La tolerancia es cuando aprendemos a ser pacientes con los demás, mayormente porque estamos muy conscientes de nuestros propios defectos y debilidades. ¡Significa que recordamos que otras personas probablemente también tienen que ser pacientes con nosotros!

Lamentablemente, ese tipo de paciencia se necesita más que nunca en las iglesias cristianas, e incluso (quizá especialmente) entre los líderes cristianos. En el mundo de los blogs y comentarios instantáneos (y comentarios sobre comentarios), la paciencia parece ser una virtud muy descuidada. Algunas personas simplemente no pueden esperar para expresar lo que piensan, sin importar cuan dañino e hiriente puede ser. Nos hemos vuelto muy impacientes: en actitudes, comunicación y expectativas.

Quizás seas un pastor o líder de una iglesia. Y sabes que el trabajo de pastorear al pueblo de Dios requiere de una paciencia ilimitada y hasta sobrenatural. Esto es simplemente porque las personas son como son, todas diferentes. Tenemos diferentes personalidades y preferencias, diferentes gustos y disgustos, diferentes visiones y ambiciones. Y el hecho de que seamos cristianos no hace que todas esas cosas se mezclen en un dulce y suave budín de azúcar. Algunas personas se ofenden fácilmente. Algunas parecen haber nacido enojadas. Jesús no la tuvo fácil con sus doce discípulos. Dirigir grupos aún más grandes de creyentes en Jesús puede volverse un verdadero desafío.

Cuando me convertí en el director de una universidad bíblica a la edad de cuarenta y cinco años, descubrí que era fácil ejercitar mi paciencia con miembros mayores del personal cuando teníamos diferencias de enfoque o visión, aunque los apreciaba mucho. Traté de obedecer las instrucciones de Pablo a Timoteo: «No reprendas con dureza al anciano, sino aconséjalo como si fuera tu padre» (1Ti 5.1). Y lo hice en parte porque tenía un gran respeto por algunos de aquellos colegas mayores que tenían mucha más experiencia y sabiduría misionera que yo. Entonces, incluso cuando estuve en desacuerdo con ellos, oré mucho por el don de la paciencia.

Dicen que uno debería dirigir un equipo como lo hace un montañista con un grupo de escaladores que están atados a la misma cuerda; y que uno debería moverse solamente a la velocidad del escalador más lento. Pero ¿qué pasa si un escalador ha atado su extremo de la cuerda a una roca y se niega a moverse, y luego dice que no deberíamos estar escalando esta montaña?

¡Paciencia! ¡Tolerancia!

Incluso entre el resto de nosotros en la iglesia, no me refiero a los líderes sino a la congregación en general, con qué facilidad nos enojamos y molestamos. Necesitamos de mucha paciencia para soportar a todas las personas que Dios tiene reunidas en la iglesia. ¡Ojalá todos fueran como nosotros! Pero también tenemos que recordar la paciencia que otros deben tener con nosotros. Hay un pequeño poema que dice así:

> Amar a los santos allá arriba, y con ellos morar
> ¡Eso sí que será la gloria!
> Pero amar a los santos aquí abajo,
> y con ellos tratar de morar
> ¡Esa es otra historia!

Puede ser muy difícil ejercitar este tipo de paciencia con los demás. Es difícil ser como Cristo en este aspecto, y difícil permitir que el fruto de su Espíritu madure en nuestras vidas. Es un *fruto*, pero al mismo tiempo tenemos que *trabajar* por ello. Implica esfuerzo y lucha. Especialmente si hemos sido malentendido, malinterpretados o acusados falsamente, o si descubrimos que otras personas están chismeando y difundiendo rumores acerca de nosotros. Ahí es cuando nuestra paciencia realmente es puesta a prueba. Pero ahí es donde cuenta. No hay mucho valor en afirmar ser personas maravillosamente pacientes si no tenemos ninguna oportunidad para ser pacientes.

¡Paciencia! ¡Perdón!

Pablo, como el apóstol y líder que era, conocía muy bien estas cosas, incluso en las iglesias que él había fundado. Sin embargo, nos pidió que de alguna forma soportemos la carga, que resistamos la tentación de defendernos y ponernos a la defensiva, de amargarnos y resentirnos, o de reaccionar con furiosas amenazas de resignación.

Las palabras de Pablo a varias de sus iglesias nos ofrecen instrucciones básicas tanto para los miembros de las iglesias como para los líderes. Presten atención a las palabras que he puesto en cursivas.

> Hermanos, les pedimos que sean considerados con los que trabajan arduamente entre ustedes, y los guían y amonestan en el Señor. Ténganlos en alta estima, y ámenlos por el trabajo que hacen. Vivan en paz unos con otros. Hermanos, también les rogamos que amonesten a los holgazanes, estimulen a los desanimados, ayuden a los débiles y *sean pacientes con todos*. Asegúrense de que nadie pague mal por mal; más bien, esfuércense siempre por hacer el bien, no solo entre ustedes, sino a todos (*1 Ts 5.12-15*).

«les ruego ... siempre humildes y amables, *pacientes,*
tolerantes unos con otros en amor» (*Ef 4.2*).

«De modo que *se toleren unos a otros y se perdonen* si alguno
tiene queja contra otro. Así como el Señor los perdonó,
perdonen también ustedes» (*Col 3.13*).

En inglés hay un antiguo himno que se titula *There is a green hill far
away* (Allá a los lejos hay una colina verde). Una de las estrofas dice:
«Él murió para que pudiéramos ser *perdonados*». ¡Amén! Es verdad.
Pero también es verdad que murió para que pudiéramos *perdonar a
los demás*. Y esta disposición para perdonar a los demás es en sí misma
fruto de la paciencia, este difícil fruto del Espíritu, pero tierno.

Preguntas para la reflexión personal o en grupo

1) *¿De qué maneras Dios ha sido paciente contigo en tu caminar
cristiano?*

2) *¿De qué maneras otras personas tienen que ser pacientes contigo?*

3) *¿Que situaciones te hacen más impaciente con otros? En situaciones
así, ¿cómo puedes demostrar el fruto del Espíritu en tu vida?*

4) ¿Que ejemplos se te ocurren de cristianos en tu cultura que demostraron (o demuestran) gran paciencia ante la persecución y el sufrimiento?

____

____

____

____

5) ¿Qué pasajes bíblicos elegirías para una serie de sermones o estudios sobre la paciencia (en torno a la perseverancia ante el sufrimiento y la tolerancia hacia otros cristianos) como parte del fruto del Espíritu?

____

____

____

____

____

Capítulo 5

La amabilidad

Si la paciencia es un difícil fruto del Espíritu, entonces la amabilidad es fruto fácil. Es interesante que Pablo ubique este fruto inmediatamente después de la paciencia. Quizá sea porque vio que ambos son cualidades esenciales del *amor*, el primer fruto del Espíritu. «El amor es paciente, es bondadoso», nos dice (1Co 13.4). Es muy cierto, ¿no? Cuando uno ama a otros, le resulta más fácil (¡o al menos un poco menos difícil!) ser paciente con ellos. Y ser amable con los demás es una de las características más perceptible de una persona genuinamente amorosa.

¿Qué es la amabilidad, entonces? ¿Qué tipo de comportamiento tenemos en mente cuando decimos que alguien ha sido amable con nosotros o con los demás? Creo que la esencia de la amabilidad es ser considerado con los demás más que con uno mismo en alguna situación particular. Ser amable significa querer ayudar a otros, alentar o consolarlos, hacer algo que sea útil o de beneficio para otros. Para ser amable con los demás, necesito meterme en el pellejo de ellos y pensar en lo que más me gustaría que los demás hicieran por mí, y luego hacer lo mismo por ellos. La amabilidad se parece mucho a lo que Jesús quiso decir cuando explicó que debemos hacer por los demás lo que quisiéramos que otros hagan por nosotros.

La amabilidad puede ser tan sencilla como una palabra agradable o una sonrisa afectuosa. Pero más importante, ser amable significa estar dispuesto a *hacer* algo por otra persona, incluso si es inoportuno para uno mismo. Cuando alguien está dispuesto a usar algo de su precioso tiempo para ayudarnos en una situación difícil o confusa, está siendo amable. La amabilidad trasciende el deber: significa hacer algo que uno *no tiene por qué hacer*, pero simplemente *elije hacerlo*. La amabilidad trasciende la recompensa: significa hacer algo por lo cual no se recibirá pago alguno. De hecho, la amabilidad genuina tiene un costo que no espera recompensa. Uno hace algo amable sin esperar nada a cambio. En ese sentido, la amabilidad es su propia recompensa.

En la Biblia la amabilidad muchas veces se relaciona con la generosidad. De hecho, la palabra que Pablo usa, a menudo tiene ese sentido: la amabilidad puede significar que se provee generosamente para las necesidades de los demás. Esa es la amabilidad bíblica.[7]

A veces decimos «gracias, es usted *muy amable*» cuando otra persona hace algo por nosotros. Vale notar que no decimos solo, «gracias, lo que acaba de hacer fue muy amable», aunque sea cierto. Los actos de amabilidad los realizan personas que son naturalmente amables. La amabilidad, en otras palabras, no es solamente un término que describe acciones, sino una característica que describe a la persona, alguien que habitualmente se comporta de una manera que bendice y beneficia a los demás porque así es su carácter.

Y esto nos conduce inevitablemente al carácter de Dios según se ha revelado en la Biblia. Así como sucede con las otras cualidades del fruto del Espíritu, quizá no relacionemos inmediatamente la amabilidad con el Dios del Antiguo Testamento, pero de hecho es un elemento muy importante del carácter de Dios y que recibe elogios.

1. La amabilidad y el carácter de Dios

En el Antiguo Testamento, a menudo se elogia a Dios por su amabilidad. Hay una hermosa palabra en hebreo, *jésed,* tan rica en significado que se la traduce de muchas maneras. Con frecuencia se la traduce como «amor», con énfasis en la fidelidad que es parte esencial del amor genuino. Entonces a veces *jésed* se traduce como «su fiel amor».[8] A

---

[7] Nota del editor: El término que se usa en la tradición textual de la Reina Valera es «benignidad», opción que probablemente haya sido influenciada por la Vulgata *(benignitas)* y cuyo significado puede expresarse de distintas maneras, siendo una de ellas el término «amabilidad».

[8] Nota del editor: En la edición en inglés, el autor usa ejemplos tomados de Biblias inglesas como en este caso, donde nos dice que *jésed* a veces se traduce como «fiel amor» *(faithful love).* Obviamente, esta clase de ejemplos casi nunca concuerdan con las traducciones. Por ello, hemos tenido que adaptar esta sección ofreciendo el ejemplo de una Biblia poco conocida, la Palabra de Dios para Todos (PDT), donde se ha optado

veces puede significar «lealtad». Esto ocurre cuando una persona actúa motivada por un fuerte sentido de compromiso hacia otra persona, debido a la relación que existe entre ambas. Cuando Dios actúa con *jésed* puede significar que obra con «piedad» hacia personas que se encuentran en una situación vulnerable o necesitada, por lo que se acerca a la palabra «compasión», término que aparece muy a menudo en el Antiguo Testamento.

Una de las antiguas formas de traducir *jésed* (por ejemplo, en la tradición Reina-Valera) es «misericordia». Pero, a menudo *jésed* se traduce sencillamente como «amabilidad» o «bondad» dado que posee ese significado de realizar actos concretos de amor por los demás. Cuando Dios actúa con *jésed*, significa que es fiel a las promesas de su pacto y que presta especial atención a nuestras necesidades, obrando con amor generoso y benévolo, proveyendo abundantemente para nuestro beneficio y bendición. ¿No dije que *jésed* es una palabra hermosa?

Podríamos ofrecer docenas de ejemplos del *jésed* de Dios, pero probablemente el más famoso es el último versículo del Salmo 23: «Ciertamente el bien y la misericordia *(jésed)* me seguirán todos los días de mi vida» (Sal 23.6 RV1960; la NVI traduce la segunda palabra como «amor»).

David se imaginaba a Dios como un pastor que trata a sus ovejas con amabilidad, protegiéndolas y proveyendo para ellas. Un pastor se ha *comprometido* a cuidar de sus ovejas, incluso a expensas propias. De igual manera, Dios seguirá fiel al compromiso que tiene con su «rebaño», su pueblo, porque Dios es la esencia de la bondad y la amabilidad.

El uso más repetitivo de la palabra aparece en el Salmo 136, donde cada estrofa termina con la frase, «su *jésed* perdura para siempre». La Reina Valera lo traduce como «porque para siempre es su misericordia», y la NVI, «su gran amor perdura para siempre». Todo el salmo rinde homenaje a Dios, por sus obras de creación y

---

por traducir *jésed* como «su fiel amor». Y no hay que olvidar lo que dice el autor, que *jésed* es una palabra que se puede traducir de muchas maneras. Más adelante, se volverá a citar *jésed* de otros pasajes de la Biblia donde ha sido traducido según el contexto, teniendo en cuenta el carácter de Dios como, por ejemplo, «beneficiar», «bendecir», «bondad», «grandeza», «compasión», «amor», etc.

redención, y porque siempre ha actuado con un amor digno de confianza, incluso cuando su obra de redención incluía juzgar contra los que se le oponían.

> El Señor es justo en todos sus caminos
> y bondadoso en todas sus obras (*Sal 145.17*).

Los israelitas verdaderamente celebraban la bondad de Dios. Tenían muchos ejemplos en su historia respecto a la «amabilidad» de Dios que podían contar a los demás.

> Recordaré el gran amor del Señor,
> y sus hechos dignos de alabanza,
> por todo lo que hizo por nosotros,
> por su compasión y gran amor.
> ¡Sí, por la multitud de cosas buenas
> que ha hecho por los descendientes de Israel! (*Is 63.7*).

Así que cuando Pablo quiso describirles a los creyentes de Lystra cómo es el único y verdadero Dios, resaltó su amabilidad: «Sin embargo, no ha dejado de dar testimonio de sí mismo haciendo el bien, dándoles lluvias del cielo y estaciones fructíferas, proporcionándoles comida y alegría de corazón» (Hch 14.17).

Se trata de una manera de expresarse que proviene del Antiguo Testamento, a pesar de que Pablo se dirige a personas que no tenían idea de la Biblia. Pero el Dios del que Pablo les estaba hablando, aquel que es muy distinto a todos los tantos dioses que ellos adoraban, es un Dios que muestra su carácter en lo que hace, incluso por medio de su generosidad para con todos los seres humanos en la creación.

Pablo está muy consciente de que la amabilidad (o benignidad, como traduce la RV1960) de Dios está «disponible» para todos, pero también sabe que como pecadores caídos lo rechazamos muy fácilmente, y no logramos entender que esa benignidad paciente de Dios está orientada a llevarnos al arrepentimiento y la salvación. «¿No ves que desprecias las riquezas de la bondad de Dios, de su tolerancia y de su paciencia, al no reconocer que su bondad quiere llevarte al arrepentimiento?» (Ro 2.4).

Y, por supuesto, como es de esperar, el ejemplo supremo de la amabilidad de Dios fue que nos dio su propio hijo, Jesús. «Pero, cuando se manifestaron la bondad y el amor de Dios nuestro Salvador, él nos salvó, no por nuestras propias obras de justicia, sino por su misericordia (Tit 3.4-5).

2. La amabilidad como característica de los que rinden culto a Dios

Dado que Dios es amable, entonces aquellos que dicen conocerlo y le rinden culto, deben mostrar ese mismo carácter. El Antiguo Testamento tiene varios ejemplos sobresalientes de personas que manifiestan una amabilidad excepcional, que refleja la amabilidad de Dios. Veamos tres ejemplos. Los dos primeros aparecen en el mismo libro. Echémosle un vistazo al libro de Rut.

a) Rut y Booz

El libro de Rut es una bella historia de doble amabilidad: la amabilidad de Rut con Noemí, y la de Booz con Rut y Noemí. En realidad, se trata de una triple amabilidad, si incluimos al Señor Dios (es decir Yahvé, el Dios de Israel). Porque Noemí ruega a Dios para que manifieste su amabilidad para con sus nueras moabitas (Rut 1.8), y a medida que se desarrolla la historia, Dios contesta esa oración, al menos en el caso de Rut (simplemente no se nos dice lo que Dios hizo por Orfa).

En primer lugar, Rut muestra una amabilidad asombrosa y abnegada para con su suegra Noemí, al negarse a regresar a Moab y permitir que Noemí regrese sola a Belén. Su expresión de lealtad, compromiso y conversión al Dios de Israel es uno de los discursos más extraordinarios de la Biblia:

> Pero Rut respondió: «¡No insistas en que te abandone o en que me separe de ti! Porque iré adonde tú vayas, y viviré donde tú vivas. Tu pueblo será mi pueblo, y tu Dios será mi Dios. Moriré donde tú mueras, y allí seré sepultada. ¡Que me castigue el Señor con toda severidad si me separa de ti algo que no sea la muerte!» (*Rut 1.16-17*).

Entonces, cuando Booz se encontró con Rut, mientras ella recogía espigas en su campo, la felicitó por todo lo que había hecho por Noemí desde la muerte de su esposo y suegro. Y Rut, a su vez, le expresó a

Booz gran alivio y gratitud por su amabilidad (2.11-13). Y cuando esa misma noche Rut le contó a Noemí lo que había ocurrido, Noemí reaccionó así:

> ¡Que el Señor lo bendiga! —exclamó Noemí delante de su nuera—. El Señor no ha dejado de mostrar su fiel amor *[jésed]* hacia los vivos y los muertos. Ese hombre es nuestro pariente cercano; es uno de los parientes que nos pueden redimir (*2.20*).

En el siguiente episodio, Rut (siguiendo las instrucciones de Noemí), en medio de la noche, se recostó al lado de Booz mientras él dormía. Y luego, cuando Booz despertó sobresaltado (¡una reacción que no es difícil de entender!) y Rut le pidió que se casara con ella, de nuevo aparece la palabra *jésed*. Es bastante sorprendente. Uno podría pensar que Booz habría reprendido a Rut por su vergonzosa acción y le habría pedido que se levantara y se vaya a casa inmediatamente, antes de que alguien la viera allí. Pero no. ¡Él la *bendice*!

> «Que el Señor te bendiga, hija mía. Esta nueva muestra de lealtad *[jésed]* de tu parte supera la anterior, ya que no has ido en busca de hombres jóvenes, sean ricos o pobres. Y ahora, hija mía, no tengas miedo. Haré por ti todo lo que me pidas» (*Rut 3.10-11*).

¿A qué «lealtad» se refiere Booz? ¿Cómo estaba actuando Rut de manera «leal» (o amable) para con Booz? Bueno, está el hecho (posiblemente halagador) de que ella había elegido pedirle *a él* que se casara con ella (aunque él era lo suficientemente mayor como para ser su padre), cuando ella pudo haber escogido cualquier joven de su propia edad. Pero más que ello, se dio cuenta de que al pedirle que se casara con ella apelando a la ley del «guardián-redentor», en realidad estaba siendo «amable» (y leal) con Noemí y su difunto esposo Elimélec.[9] Porque si ella pudiera tener un hijo con Booz, entonces ese hijo asumiría el

---

9 Nota del editor: El autor cita terminología de la NIV (*guardian-redeemer*) en torno al término hebreo *goel*, cuyas traducciones más comunes han sido «redentor», «liberador» o «vengador». Otras Biblias traducen el término como «pariente» o «familiar».

apellido y la propiedad de Elimélec. Y ello explica además por qué la disposición de Booz de tomarla como su esposa también fue vista como una acción muy justa y amable, y por la cual recibió elogios (4.11-12). Entonces, la acción de Rut de pedirle matrimonio a Booz fue un acto de amabilidad con la familia de Elimélec y Noemí, y la acción de Booz al aceptar hacerlo (después de un retraso) fue también un acto de amabilidad para con ellas.

Así que, en general, el libro de Rut es una historia de *jésed*, la amabilidad puesta en acción de principio a fin. Booz y Rut sirven de ejemplo respecto a la amabilidad de Dios. Así es como Dios se comporta, y así es como deben comportarse sus siervos, ya sean israelitas de nacimiento como Booz, o extranjeros conversos como Rut. Ambos superaron lo que normalmente se esperaba en sus propias culturas. Ambos asumieron riesgos considerables. Y lo hicieron para mostrar amabilidad a alguien en extrema necesidad. Exactamente como Dios hubiera hecho.

b) David

La amistad entre David y Jonatán, hijo del rey Saúl, es legendaria. Ambos sabían que Saúl estaba decidido a matar a David. Pero también sabían que David había sido ungido para ser rey en lugar de Saúl. Ello habría sido una gran amenaza para Jonatán, quien, como hijo de Saúl, podría haber esperado (y haber deseado) ser el próximo rey. Entonces Jonatán le pide a David que jure eterna lealtad por él y su familia, sin importar lo que suceda. Jonatán explícitamente le hace prometer a David que actúe como lo hace Dios.

> Y, si todavía estoy vivo cuando el Señor te muestre su bondad, te pido que también tú seas bondadoso *[jésed]* conmigo y no dejes que me maten. ¡Nunca dejes de ser bondadoso con mi familia, aun cuando el Señor borre de la faz de la tierra a todos tus enemigos! ¡Que el Señor pida cuentas de esto a tus enemigos!
>
> De ese modo Jonatán hizo un pacto con la familia de David, pues quería a David como a sí mismo. Por ese cariño que le tenía, le pidió a David confirmar el pacto bajo juramento» (*1S 20.14-17*).

Más tarde, cuando Jonatán y Saúl murieron en una batalla contra los filisteos y David se convirtió en rey de todas las tribus de Israel, David se acordó de lo que le había prometido a Jonatán, incluso de las palabras que usaron.

> El rey David averiguó si había alguien de la familia de Saúl a quien pudiera beneficiar *[jésed]* en memoria de Jonatán y, como la familia de Saúl había tenido un administrador que se llamaba Siba, mandaron a llamarlo. Cuando Siba se presentó ante David, este le preguntó:
>
> —¿Tú eres Siba?
>
> —A las órdenes de Su Majestad —respondió.
>
> —¿No queda nadie de la familia de Saúl a quien yo pueda *beneficiar* en el nombre de Dios? —volvió a preguntar el rey.
>
> —Sí, Su Majestad. Todavía le queda a Jonatán un hijo que está tullido de ambos pies —le respondió Siba.
>
> —¿Y dónde está?
>
> —En Lo Debar; vive en casa de Maquir hijo de Amiel.
>
> Entonces el rey David mandó a buscarlo a casa de Maquir hijo de Amiel, en Lo Debar. Cuando Mefiboset, que era hijo de Jonatán y nieto de Saúl, estuvo en presencia de David, se inclinó ante él rostro en tierra.
>
> —¿Tú eres Mefiboset? —le preguntó David.
>
> —A las órdenes de Su Majestad —respondió.
>
> —No temas, pues en memoria de tu padre Jonatán he decidido beneficiarte. Voy a devolverte todas las tierras que pertenecían a tu abuelo Saúl, y de ahora en adelante te sentarás a mi mesa» (*2S 9.1-7*).

Así que el Antiguo Testamento enseña que *jésed,* amabilidad, es parte del carácter del Dios de Israel y, por lo tanto, debe ser parte del carácter de su pueblo. Un amor fiel y la amabilidad es lo que Dios quiere ver en la tierra; en eso se deleita, como muchos profetas lo expresaron claramente.

> Que no se gloríe el sabio de su sabiduría,
> > ni el poderoso de su poder,
> > ni el rico de su riqueza.

Si alguien ha de gloriarse,
    que se gloríe de conocerme
y de comprender que yo soy el Señor,
    que actúo en la tierra con amor *[jésed]*,
con derecho y justicia,
    pues es lo que a mí me agrada
        —afirma el Señor— (*Jer 9.23-24*).

¡Ya se te ha declarado lo que es bueno!
    Ya se te ha dicho lo que de ti espera el Señor:
Practicar la justicia,
    amar la misericordia *[jésed]*,
        y humillarte ante tu Dios (*Mi 6.8*).

Así dice el Señor Todopoderoso:
«Juzguen con verdadera justicia;
    muestren amor *[jésed]* y compasión
    los unos por los otros» (*Zac 7.9*).

La literatura sapiencial no se limita a ver esto como un simple mandamiento. Señala que cuando realizamos acciones que son amables, no solo imitamos a Dios, en realidad las realizamos para Dios mismo. La palabra *jésed* no aparece en todos los pasajes que citamos a continuación, pero lo importante es su claro sentido: una generosa amabilidad para con los demás, especialmente con los necesitados.

El que es bondadoso se beneficia a sí mismo;
    el que es cruel, a sí mismo se perjudica (*Pr 11.17*).

Es un pecado despreciar al prójimo;
    ¡dichoso el que se compadece de los pobres! (*Pr 14.21*).

El que oprime al pobre ofende a su creador,
    pero honra a Dios quien se apiada del necesitado
(*Pr 14.31*).

Servir al pobre es hacerle un préstamo al Señor;
    Dios pagará esas buenas acciones (*Pr 19.17*).

3. La amabilidad y el ejemplo de Jesús

Si la amabilidad es fundamentalmente amar a los demás lo suficiente como para poner sus necesidades antes que las de uno, entonces Jesús era la amabilidad encarnada.

Tengo un amigo que dice que quiere escribir un libro sobre la vida de Jesús y titularlo «una teología de las interrupciones». Porque, según él, muchas de las cosas que Jesús dijo o hizo en las historias de los Evangelios sucedieron porque alguien lo interrumpió cuando en realidad estaba haciendo otra cosa, viajando, visitando a alguien, o incluso comiendo. Sin embargo, Jesús respondió a aquellas interrupciones, no con irritación y rechazo, sino con amabilidad y calidez. Y en muchos casos mostró esta amabilidad respetuosa a personas a las que la sociedad generalmente discriminaba y marginaba.

Consideren la mujer que sufría de hemorragias, que lo interrumpió de camino a una emergencia médica; piensen en los padres que le llevaban a sus hijos mientras los discípulos querían continuar con sus lecciones privadas; piensen en el ciego Bartimeo que continuaba gritando por sobre la multitud hasta que Jesús se detuvo; piensen en la mujer sirofenicia que no aceptaba un no por respuesta; piensen en la mujer que ungió sus pies en una comida y escandalizó al anfitrión. Incluso durante su insoportable agonía en la cruz, Jesús pensó en las necesidades de su madre. Y después de su resurrección, sabía que los pescadores hambrientos necesitaban un buen desayuno después de una noche de faena en el mar.

Y la razón de todos estos ejemplos de la amabilidad de Jesús no es solo porque era «un hombre muy agradable», o el tipo de persona que siempre parece estar sonriendo placenteramente. Jesús llegó a usar palabras y acciones muy firmes contra los líderes religiosos y los hipócritas. Pero para los pobres, los enfermos y los marginados, aquellos que todos los demás discriminaban, a esas personas Jesús mostró una extraordinaria dosis de amabilidad y dedicó tiempo y atención a sus necesidades. De hecho, Jesús rompió barreras y tabúes sociales para mostrar amabilidad, cuando comía y bebía con personas que la «buena sociedad» despreciaba.

Entonces, si ser un discípulo de Jesús significa seguir su ejemplo, ¿por qué *fracaso* tan a menudo y no logro ser amable con los demás en mi vida diaria? Aunque me encantaría imaginarme que soy una persona amable, sé que hay muchas ocasiones, en realidad demasiadas, en las que *podría* mostrar algo de amabilidad a otra persona, pero no lo hago. Quizá nadie se dé cuenta de ello, pero me siento culpable por dentro. ¿Por qué sucede? Bueno, permítanme responder a mi propia pregunta, y tal vez ustedes la responderán de distintas maneras; sin duda es una pregunta difícil.

A menudo es porque estoy bastante ocupado y no quiero que me interrumpan. Tengo cosas por hacer, personas que ver, trabajo que terminar. Voy de un lado para el otro. Voy de camino a una reunión y tengo una agenda y un cronograma preparado. Entonces, aquella oportunidad en la que hubiera podido hablar con un vagabundo en la calle, o ayudar a aquel desconocido que se veía algo perdido, se esfuma. No le hice mal a nadie, pero hubo un acto de amabilidad que *pude* haber hecho, pero que no se cumplió. No estuve dispuesto a que mi vida fuera interrumpida por mostrar amabilidad a otra persona. No seguí el ejemplo de Jesús.

A veces es porque me protejo a mí mismo. Cuando viajo, parece casi necesario que mentalmente me «programe para el viaje» y seguir con el plan: «No me interrumpan, tengo que hacer lo que tengo que hacer». Hay tantos inconvenientes y complicaciones a la hora de viajar estos días que fácilmente me abstraigo y solo me enfoco en mis necesidades y lo que me urge. En esos momentos necesito recordar (ya que Cristo vive en mí), la manera en que debería comportarme con los demás que están a mi alrededor, incluso con los desconocidos, e incluso cuando estoy cansado y bajo presión (como debió haber estado Jesús). Debemos encarar el reto de ser amables, incluso en circunstancias estresantes. Y es un reto en el que fracaso con demasiada frecuencia.

4. La amabilidad como un hábito de vida

Debemos recordar que la amabilidad es parte del fruto del Espíritu, precisamente *porque no* se manifiesta de manera natural (aunque es verdad que hay personas que parecen ser naturalmente más amables que otras). Pero el tipo de amabilidad del cual Pablo escribe no es algo «natural» sino «espiritual», en el sentido de que aparece cuando estamos llenos del Espíritu de Dios.

Este tipo de amabilidad es un *fruto* (crece gracias a la vida del Espíritu en nosotros), pero también debe ser *cultivado*. Tiene que convertirse en un hábito que cada vez más forme parte de nuestro *carácter*.

¿Cómo sabemos que algo ha logrado convertirse en un hábito? Solo cuando se vuelve más natural decir y hacer algo amable que no hacerlo o decirlo. Se ha convertido en un hábito cuando, al momento de ayudar a otra persona, uno no se detiene a pensar en todos los inconvenientes y razones para no hacerlo. Se ha convertido en un hábito si realmente nos sentimos miserables y culpables cuando, por cualquier razón, no hicimos ni dijimos lo que era más amable (o peor aún) cuando nos comportamos de una manera realmente poco amable. En aquellos momentos deberíamos desafiarnos a nosotros mismos: «¿Cómo pude hacer eso? ¿Cómo pude yo, como cristiano, ser tan poco amable?» Luego, por supuesto, debemos recurrir al Señor para pedirle su perdón y su gracia. Porque todos fallamos a veces. Pero si la amabilidad como fruto del Espíritu empieza a crecer dentro de nosotros, entonces notaremos nuestro fracaso mucho más dolorosamente y desearemos pedir misericordia para mejorar la próxima vez.

Así que mientras vivimos cada día, con los quehaceres y el trabajo, y nos vamos topando constantemente con los demás, ¿por qué no le rogamos a Dios que nos dé oportunidades para ejercitar la amabilidad?

- ¿A quién puedo agradecer hoy? Ya sea en mi casa, o en algún negocio, en el trabajo o en el transporte público.
- ¿A quién puedo regalar una sonrisa o una palabra de aprecio? Por ejemplo, a aquellos que limpian las calles.
- ¿Qué haré si me encuentro con alguien en necesidad? ¿Estoy preparado para ayudarle? ¿Tengo algo de dinero, o algo de comida lista para ofrecer?
- ¿A quién puedo demostrar la «amabilidad de Dios»?

Aquí hay algo que puede ayudarnos a avanzar en aquella dirección. En realidad, es una de las combinaciones de versículos más desafiantes que he encontrado. Escuché por primera vez a John Stott predicar acerca de estos versículos, y sus palabras me quedaron grabadas desde ese entonces.

Hay dos momentos en Colosenses 3 donde Pablo comienza una oración con las frases: «Y todo lo que hagan…» y «Hagan lo que hagan».

i) «Y todo lo que hagan, de palabra o de obra, *háganlo en el nombre del Señor Jesús*» (Col 3.17). Ahora bien, hacer algo en «el nombre del Señor Jesús» significa que estamos cumpliendo algo que haríamos si él estuviera presente. Significa que actuamos como si el propio Cristo estuviera actuando en nosotros y por medio de nosotros. Y la pregunta que este pasaje produce en nosotros es:

> *Si yo fuera Cristo,* ¿qué haría por esa persona? ¿Qué haría Jesús en esta situación? Y, por lo tanto, ¿qué debería hacer yo?, ya que hemos sido llamados a actuar «en el nombre de Jesús».

ii) «Hagan lo que hagan, trabajen de buena gana, *como para el Señor*» (Col 3.23). Esto significa actuar *como si la otra persona fuera Cristo.* Lo que estoy haciendo por la otra persona, lo estoy haciendo por el Señor. Pablo escribía a cristianos esclavos, muchos de los cuales trabajaban para amos no cristianos. Pero Pablo les dice claramente que incluso como esclavos *podían servir a Cristo* trabajando duro y con honestidad para sus amos. Lo cual nos plantea otra pregunta alarmante:

> *Si aquella persona fuera Cristo*, ¿que haría por ella? ¿Cómo me comportaría ahora mismo si Cristo estuviera aquí presente?

Supongamos entonces que vivimos cada día con estas dos preguntas en mente:

- ¿Qué haría por aquella persona si yo fuera Cristo?
- ¿Qué haría por aquella persona si ella fuera Cristo?

¿Acaso no es cierto que esto marcaría la diferencia respecto a cómo tratamos al prójimo? ¿Si nos hiciéramos estas preguntas y pusiéramos en práctica las respuestas, hasta que grado de amabilidad con el prójimo llegaríamos? Incluso mientras escribo esto, recuerdo aquella enseñanza de Pablo, gracias a la predicación de John Stott, y me siento de nuevo culpable. Ninguno de nosotros está a la altura de esta norma, ¿verdad? ¿Pero, acaso no debería ser ese el objetivo que buscamos alcanzar?

Richard Wurmbrand, el pastor rumano que fue encarcelado y torturado bajo el régimen comunista cuenta cómo un día estuvo de vuelta en una celda con otras personas después de haber sido torturado. Hacía mucho frío y se arropaba con su única manta para lograr algo de calor. Entonces vio a otro prisionero sin manta temblando de frío. Abrazó su manta aún más, hasta que le vino un pensamiento a la mente: «*Si ese hombre fuera Cristo, ¿le darías tu manta?*». Wurmbrand le dio a aquel hombre su manta (y más tarde, después de ser liberado, escribió un libro con esa pregunta como título).

Aquella cualidad de ser abnegadamente amables no solo significa ser como Cristo, también llama la atención de los demás porque da testimonio de Aquel que vive dentro de nosotros y cuyo Espíritu da fruto en nuestras vidas.

Anita Roddick (fundadora de *Body Shop*) una vez dijo: «El resultado final de la amabilidad es que atrae a los demás hacia ti».

Bueno, quizá sea cierto. Pero creo que podemos decir, con mucha más convicción y por un propósito mucho mejor, que «*el resultado final de la amabilidad es que atrae a otros hacia Cristo*».

Preguntas para la reflexión personal o en grupo

1) *Enumera las maneras en las que has experimentado la amabilidad del Señor en tu vida. ¿Qué efecto ha tenido en tu disposición a ser amable con el prójimo?*

____

____

____

2) *En tu cultura, ¿cómo se percibe, en términos prácticos, la amabilidad? ¿Hay alguna diferencia entre ser amable gracias al fruto del Espíritu, y simplemente ser una «buena persona»?*

____

____

3) *¿Qué pasajes de la Biblia elegirías si quisieras animar a los demás a que muestren amabilidad hacia los demás?*

____

____

Capítulo 6

La bondad

Pablo agrupa la amabilidad y la bondad, y es evidente que tienen mucho en común. La Biblia a menudo relaciona la bondad y la amabilidad con la generosidad. Jesús contó la historia del dueño de una viña que empleó a obreros para que trabajen en su viñedo. Algunos trabajaron todo el día y obtuvieron el salario de un día. A otros los contrató para que trabajen solo durante la última hora o dos del día, pero el dueño también les pagó el salario de un día entero. Los otros obreros se quejaron diciendo que no era justo, pero el propietario les respondió: «¿[les] da envidia de que yo sea *generoso*?» (Mt 20.15). Y la palabra que Jesús usó en aquella ocasión es la misma que eligió Pablo: «*bueno*». Jesús dijo que las buenas personas no siempre se preocupan por lo que es estrictamente *justo*, sino que prefieren estar del lado de la generosidad y amabilidad. No fue culpa de los obreros que se los contratara casi al finalizar el día. Además, necesitaban el salario de un día para poder comprar comida para sus familias. Entonces el dueño de la viña eligió ser *bueno* (generoso) para con sus necesidades, en lugar de ser estrictamente *justo* en relación con todos los obreros y pagarles solo una fracción de lo que obtuvieron los demás.

Entonces, cuando relacionamos la palabra «bueno» con un título o función (por ejemplo, un buen padre, o un buen maestro, o un buen policía, o un buen doctor), a veces queremos decir no solo que la persona es «buena» en lo que hace (competente), sino que también sabe cómo trascender los límites estrictos de lo que exige su papel y actúa con cierta gracia y generosidad de espíritu, «por la bondad de su corazón», como a veces decimos.

Pero ¿qué hay en el fondo de la «bondad»? ¿Qué cualidad vemos en alguien cuando decimos: «¿es un hombre realmente bueno», o «verdaderamente es una buena mujer»? Creo que la clave se encuentra en la integridad, la ausencia de cualquier tipo de engaño o falsedad. Una persona (hombre o mujer) verdaderamente buena es aquella que es lo que aparenta ser. Es una persona genuina. Sus palabras y su comportamiento exterior coinciden con lo que está sucediendo en su interior. No hay farsa o simulación. Cuando hace el bien, no es solo una especie de actuación para ganarse algo, ni está posando para una fotografía. Las buenas personas hacen lo que hacen simplemente porque es *lo correcto*. La bondad se aproxima a lo que significa ser «puros de corazón». La bondad posee una cualidad transparente. Se puede confiar en que una persona buena será y hará lo que dice (cumplirá su palabra) y que hará lo correcto (sencillamente porque es lo correcto).

Como lo hicimos anteriormente, ya que esto es parte del fruto del Espíritu de Dios, podemos comenzar con la fuente de toda bondad, Dios mismo.

1. Dios es bueno

Los cristianos africanos tienen una respuesta que les gusta utilizar al unísono, a veces formalmente en los cultos o sencillamente cuando se saludan.

> «Dios es bueno»
> «Todo el tiempo»
> «Todo el tiempo»
> «Dios es bueno».

Se trata de una afirmación fundamental y frecuente en la Biblia también. Se encuentra en muchos de los salmos, p. ej., «Den gracias al Señor, porque él es bueno; su gran amor perdura para siempre» (Sal 119.68). Cuando Moisés le pidió a Dios que le mostrase su gloria, Dios le respondió diciendo: «Voy a darte pruebas de mi bondad, y te daré a conocer mi nombre» (Éx 33.19). Qué experiencia que debe haber sido para Moisés; con razón su rostro quedó radiante después de aquel encuentro (Éx 34.5-7; 29-35). No es sorpresa, entonces, que cuando Moisés compuso una de sus canciones, multiplicó las palabras con las que describió la bondad de Dios.

> Él es la Roca, sus obras son perfectas,
>> y todos sus caminos son justos.
> Dios es fiel; no practica la injusticia.
>> Él es recto y justo (*Dt 32.4*).

Entonces, decir que Dios es bueno significa lo que acabamos de decir anteriormente. Dios es generoso y confiable, sin ningún engaño o deshonestidad; y él ha sido así siempre, de principio a fin como una roca sólida, según su propio carácter y todas sus obras. En la Biblia, la bondad de Dios es axiomática. Es decir que, así como un axioma matemático, es una verdad evidente que sirve de fundamento para todas las demás deducciones y cálculos que uno pueda lograr. No importa cómo sean o se vean las circunstancias, Dios *es* bueno y *hace* el bien.

Incluso cuando suceden cosas malas, Dios puede invalidar ese mal para producir buenos resultados, como le dijo José a sus hermanos: «Es verdad que ustedes pensaron hacerme mal, pero Dios transformó ese mal en bien para lograr lo que hoy estamos viendo: salvar la vida de mucha gente» (Gn 50.20).

Ahora bien, hay que tener cuidado. Ello no significa que las cosas malas que la gente hace de alguna manera dejan de ser malas. No significa que Dios hace que el mal se vuelva esencialmente bueno. Aquello sería una contradicción. No significa que no existe una diferencia fundamental entre el bien y el mal porque «todo resultará bien al final». Ese tipo de pensamiento borra la distinción bíblica fundamental entre el bien y el mal. No. José no trató de disculpar, reducir o negar el mal que habían hecho sus hermanos. Venderlo para que fuera esclavo fue un acto despreciable de parte de sus hermanos. El mal siempre es el mal. Y sabían que, al venderlo, estaban cometiendo un gran mal. Pero lo que las palabras de José dan a entender es que la bondad de Dios es soberana (porque Dios es supremo), y Dios tiene el poder de obtener buenos resultados del mal que otras personas planean hacer y hacen. La bondad de Dios vence al mal para siempre. Dios está en control y es bueno.

2. Modelos de bondad

Dado que Dios es completamente bueno, no nos debe sorprender que las personas que viven cerca de él reflejen su carácter y posean esta misma cualidad. Daniel es un buen ejemplo de la bondad en acción.

Daniel era un funcionario público que trabajaba para el gobierno de Babilonia y luego, al final de su vida, para el gobierno de Persia. En su vida diaria y su trabajo en la oficina, demostró tener «un espíritu excepcional» (así dice literalmente la frase en hebreo). Sus enemigos «no encontraron de qué acusarlo porque, lejos de ser corrupto o negligente, Daniel era un hombre digno de confianza» (Dn 6.3-4).

Aquella es una descripción notable. Daniel era un hombre en quien se podía confiar en el trabajo (y no era «trabajo cristiano», sino un trabajo secular ordinario, al servicio del gobierno). Su jefe podía confiar en él, y aquellos que trabajaban a su mando podían confiar en él. Su bondad e integridad eran transparentes y evidentes para todos.

Pero las personas que son buenas y rectas en el trabajo pueden ser poco populares entre aquellos que son corruptos y quieren sacar provecho de su trabajo para hacerse ricos o poderosos. Y parece que Daniel fue un obstáculo para las ambiciones de otras personas al servicio del gobierno, así que comenzaron a conspirar en contra de él. En el capítulo 6 de Daniel vemos cómo maquinan un plan para atraparlo. Sabían que no podían encontrar ninguna debilidad en su desempeño laboral, así que decidieron utilizar la solidez de su vida personal de oración y culto a Dios. Se las ingeniaron para que el rey promulgara un decreto en el que nadie pudiese orar a ningún dios excepto al propio rey durante todo un mes (una idea descabellada pero el rey, por su vanidad, aceptó).

Entonces, cuando se dio a conocer el decreto, Daniel tuvo que encarar una decisión: continuar con su hábito diario de orar al Dios de Israel, o renunciar por un mes y elevar plegarias al rey. Eligió hacer lo correcto ante los ojos de Dios y continuó con sus oraciones diarias. Hizo lo correcto, a pesar del riesgo, y que le podía costar su carrera y posiblemente la vida misma. En el capítulo 6 del libro, Daniel ya era un hombre mayor, pero esta costumbre de hacer lo correcto, incluso si era arriesgado, fue algo que él y sus amigos habían cultivado desde su juventud, tal como lo cuenta el primer capítulo. En esta ocasión, lo arrojaron al foso de los leones, donde el Dios a quien oraba le salvó la vida (para alivio del rey).

Esto parece ser otro elemento fuerte de la bondad bíblica: estar comprometidos a hacer lo correcto *incluso cuando cueste o duela*. Las personas «buenas» son aquellas que resisten la tentación de tomar el camino fácil para salir de una situación difícil. Incluso cuando es difícil o peligroso hacer lo correcto; lo hacen de todos modos. Perseveran en hacer lo que saben que es correcto, sin importar las consecuencias. Por esta razón, las personas buenas suelen ser también valientes, y a veces, de hecho, pagan un alto precio por su integridad.

Otra palabra que es muy próxima a la bondad en el Antiguo Testamento es la justicia.[10] La persona justa es la que responde al amor, la gracia y la salvación de Dios, y busca vivir a la manera de Dios y hacer lo correcto a los ojos de Dios, *no* debido a un esfuerzo por ganar el favor de Dios, sino como respuesta en agradecimiento por la bendición de Dios. Hay varias descripciones en el Antiguo Testamento de este tipo de persona. Una de las más claras se encuentra en el Salmo 15.

> ¿Quién, Señor, puede habitar en tu santuario?
>> ¿Quién puede vivir en tu santo monte?
> Solo el de conducta intachable,
>> que practica la justicia
>> y de corazón dice la verdad;
> que no calumnia con la lengua,
>> que no le hace mal a su prójimo
>> ni le acarrea desgracias a su vecino;
> que desprecia al que Dios reprueba,
>> pero honra al que teme al Señor;

---

[10] Nota del editor: Aquí nos encontramos con un impasse lingüístico en torno al término inglés que el autor usa, *righteousness*. En español casi de manera universal se ha optado por usar el término «justicia» en las traducciones de la Biblia porque la «mente» hispana así lo exige. En cambio, en inglés hay dos términos que fluctúan en las traducciones, *righteousness* y *justice*. No existe equivalente exacto entre estos pares de palabras entre el inglés y el español. Una aproximación sería decir que *righteousness* equivale a «rectitud» y gira en torno al esfuerzo de la persona; mientras que *justice* equivale a «justicia» (y que, dicho sea de paso, es término mucho más antiguo que *righteousness*) y gira en torno a la esencia de Dios y nuestra conducta frente al prójimo.

> que cumple lo prometido
> > aunque salga perjudicado;
> que presta dinero sin ánimo de lucro,
> > y no acepta sobornos que afecten al inocente.
>
> El que así actúa no caerá jamás.

Vale notar esa estrofa respecto a cumplir lo prometido, incluso cuando salga perjudicado. Esa es una característica de la bondad bíblica. El hombre bueno y la mujer buena resisten la tentación de incumplir una promesa, o de no decir la verdad, o de no hacer lo correcto. Casi siempre habrá otra opción disponible. Pero la buena opción es aquella que es la correcta, incluso cuando sea la más difícil.

3. Jesús «anduvo haciendo el bien»

Así es como Pedro describió a Jesús frente a Cornelius y su familia (Hch 10.38). Esto *no solo* significa que Jesús hizo muchas cosas amables y afectuosas por las personas (por supuesto que lo hizo). También significa que Jesús hizo lo correcto. Jesús hizo lo que sabía que Dios su Padre quería que él hiciera, incluso cuando pudo haber elegido una salida fácil. Jesús era un hombre lleno de bondad, visto según su justa integridad. Se negó a desviarse de lo que sabía que era la voluntad del Padre.

Recordemos la cantidad de veces que se le ofreció a Jesús una alternativa, una salida fácil, o cuando tuvo la opción de tomar una ruta diferente a la del camino de la cruz.

- El diablo lo tentó tres veces para que tomara una ruta más fácil, la de la popularidad, o la de las escenas espectaculares que desafiaban la muerte o la del poder político. Pero Jesús resistió y eligió el camino del Siervo sufriente y el Hijo obediente, aquella identidad que su Padre había afirmado en su bautismo.
- Simón Pedro trató de desviarlo de toda esa gran idea de sufrir y morir crucificado. Pero, Jesús lo reprendió.
- Su querida madre y sus hermanos intentaron que volviera a casa y renunciara a aquel vergonzoso y arriesgado ministerio público. Pero Jesús afirmó que su verdadera madre y hermanos eran aquellos quienes hacían la voluntad del Padre.

- En el jardín de Getsemaní, anhelaba desesperadamente tener otra opción que la que le esperaba al día siguiente. Pero decidió hacer la voluntad del Padre.
- Cuando lo arrestaron, sabía que podía haber llamado a una legión de ángeles para que lo rescatara, pero no lo hizo.
- Incluso Poncio Pilato le mencionó la posibilidad de soltarlo cuando ya estaba frente a la cruz. Pero Jesús se rehusó.

A lo largo de todas estas tentaciones y distracciones, Jesús demostró su «bondad» por medio de su integridad y determinación para hacer lo correcto, para hacer la voluntad del Padre. Tal como dijo Pablo, fue «obediente hasta la muerte».

4. Hacer el bien, según el fruto del Espíritu en nosotros

Así que la bondad de Dios se aprecia en la bondad de Jesús, y es por ello que también es fruto del Espíritu. La bondad proviene de la vida de Dios dentro de nosotros. Lo que hizo Jesús provino de lo que era Jesús en su propio corazón, mente y propósito. La bondad es asunto del corazón. Viene de adentro. Lo que somos por fuera es como el «fruto», y el fruto es evidencia de lo que ocurre por dentro, la naturaleza del árbol mismo.

Veamos cómo Jesús deja muy en claro este punto:

> «Ningún árbol bueno da fruto malo; tampoco da buen fruto el árbol malo. A cada árbol se le reconoce por su propio fruto. No se recogen higos de los espinos ni se cosechan uvas de las zarzas. El que es bueno, de la bondad que atesora en el corazón produce el bien; pero el que es malo, de su maldad produce el mal, porque de lo que abunda en el corazón habla la boca» (*Lc 6.43-45*).

Lo que hacemos demuestra lo que somos. Nuestras acciones (por fuera) muestran qué (o más bien quién) está por dentro. Entonces, si Cristo, por medio de su Espíritu Santo, se instala en nuestras vidas, luego, cada vez más, comenzamos a demostrar el carácter de Jesús en la forma en que pensamos, hablamos y actuamos. No se trata de que alguna vez lleguemos a ser perfectos (en esta vida), sino de que el fruto empiece a crecer.

Así que, a partir de la profunda fuente de bondad en el corazón, que fluye de la vida del Espíritu de Dios que mora en nosotros, y que Jesús demostró con su propia vida, nos abastecemos del agua que irrigará el fruto del Espíritu,

- *siendo* buenos en nuestros pensamientos, actitudes, palabras y obras.
- y *haciendo* el bien, no como personas que solo quieren ser vistas como bonachones, sino como «bienhechores», hacedores y practicantes de lo bueno.

Y la bondad del Espíritu Santo no solo crece dentro de nosotros. También comenzamos a notar y fomentar ese mismo fruto en otros. Sabemos que es solo por la gracia de Dios que se producen estos cambios en nosotros. Por lo tanto, cuando vemos la gracia de Dios que obra en la vida de otras personas, nos llenamos de alegría. Vemos el parecido familiar, porque somos hijos del mismo Padre, discípulos del mismo Señor, y el mismo Espíritu habita en nosotros.

Esta capacidad de ver la bondad que obra en otras personas es lo que destacó a Bernabé. Era fácil querer a Bernabé porque, como su nombre lo dice, era alguien que animaba a los demás, incluyendo a Saulo de Tarso, antes de ser conocido como el apóstol Pablo.

En una ocasión, Bernabé fue enviado a una misión especial desde Jerusalén a Antioquía, para inspeccionar lo que estaba sucediendo allí. Personas que no eran judías (los gentiles) estaban comenzando a creer en Jesús, a medida que se les predicaba el evangelio a ellos también. La iglesia en Antioquía debió haber parecido extraña y desconocida para personas judías, ya que los creyentes gentiles no seguían las costumbres judías, y su forma de rendir culto a Dios también debió haber sido muy diferente. Así que enviaron a Bernabé a investigar. Y Lucas nos dice: «Cuando él llegó y vio las evidencias de la gracia de Dios, se alegró (…)» (Hch 11.23).

¡Me encanta eso! La primera reacción de Bernabé no fue cuestionar, criticar y decirles a estos nuevos cristianos gentiles lo que estaban haciendo mal. No, cuando vio evidencia clara de que la gracia de Dios estaba obrando en aquellas personas, sin importar cuán diferentes eran de él, ¡se alegró! Y aquella debe ser la razón por la que Lucas nos ofrece inmediatamente una descripción de la personalidad de Bernabé: «pues era un hombre *bueno*, lleno del Espíritu Santo y de fe» (Hch 11.24). Y debido a aquella bondad desinteresada de Bernabé, la obra de la iglesia siguió adelante, la gente se animó y «un gran número de personas aceptó al Señor».

Podríamos pensar en muchos otros ejemplos parecidos al de Bernabé, personas que de manera sencilla y humilde demuestran ese tipo de bondad, aquella que nace del Espíritu Santo y que les permite reconocer la gracia de Dios incluso en lugares y personas desconocidas.

5. Hacer el bien como parte fundamental de la vida cristiana

En el sermón del monte, Jesús les enseña a sus discípulos. La palabra «discípulos» describe a los que han respondido a la invitación a arrepentirse y creer en las buenas nuevas del reino de Dios, y quienes luego se comprometen a vivir según las normas y los valores del reino de Dios. Vivir dentro del reino de Dios significa vivir bajo su soberanía. Y ello significa un cambio radical de vida y actitudes, a fin de reflejar o imitar a Dios nuestro Padre celestial. El sermón del monte no es una *nueva lista de reglas*. Es más bien una descripción de una *nueva calidad de vida*. Describe el pensamiento y comportamiento que deberían caracterizar a los seguidores de Jesús luego de haber «entrado en el reino de Dios», es decir, cuando se someten al reino de Dios en sus vidas y reconocen que Jesús es Señor y Rey sobre todo.

Ese tipo de vida debía ser como la sal, dice Jesús. La sal se utilizaba para que no se echara a perder la carne o el pescado; contrarrestaba el proceso natural de descomposición y corrupción. Entonces, Jesús está insinuando que, en un mundo putrefacto y corrompido por el pecado, sus discípulos deberían ser personas que se oponen a ello con la manera en que viven y hablan. Debemos ser diferentes, tan distintos como la sal lo es de la podredumbre.

Y luego les dice a sus discípulos, *«ustedes son la luz del mundo»*. ¡Aquella declaración los debe haber sorprendido! ¿Qué quiere decir Jesús? ¿Quiere decir que al ser predicadores de la verdad del evangelio traerán luz a las personas que viven en la oscuridad de la ignorancia y el pecado? Sí, de seguro incluye aquello como tarea general de la misión apostólica, tal como Pablo lo explica usando la misma metáfora en 2 Corintios 4.4-6. Pero observen lo que Jesús enfatiza cuando explica lo que quiere decir con «luz». No dice, «dejen que su luz brille para que la gente escuche su testimonio personal, o escuche su gran predicación». No, esto es lo que dice: «Hagan brillar su luz delante de todos, para que ellos puedan ver las *buenas obras de ustedes* y alaben al Padre que está en el cielo».

Cuando Jesús habla de la «luz» en esta ocasión, se refiere a las *vidas* (no a las palabras). Pide vidas que sean atrayentes[11] porque están llenas de bondad, misericordia, amor, compasión y justicia. Ese tipo de *bondad práctica* atraerá a las personas a Cristo y, en última instancia, a que conozcan y glorifiquen a Dios el Padre.

Como en tantas ocasiones, cuando Jesús les dijo a sus discípulos que eran la «luz del mundo», se estaba basando en una sólida tradición veterotestamentaria. Dios había llamado a Israel a ser «luz a las naciones». Y aquel papel incluía su manera de vivir en sociedad. «Luz» tenía un significado intensamente moral y social. Escuchen a Isaías y observen la combinación de «*luz*» y «*justicia*» en el sentido que acabamos de explicar. La luz brilla a partir de personas comprometidas con la compasión y la justicia.

> El ayuno que he escogido,
>> ¿no es más bien romper las cadenas de injusticia
>> y desatar las correas del yugo,
> poner en libertad a los oprimidos
>> y romper toda atadura?
> ¿No es acaso el ayuno compartir tu pan con el hambriento
>> y dar refugio a los pobres sin techo,
> vestir al desnudo
>> y no dejar de lado a tus semejantes?
> Si así procedes,
>> tu *luz* despuntará como la aurora,
>> y al instante llegará tu sanidad;

---

11 En el griego original, el adjetivo es *kalos*, que significa «bueno», pero que también se podría traducir como «hermoso» «atractivo», «moralmente recto», «noble».

> tu *justicia* te abrirá el camino,
>> y la gloria del Señor te seguirá.
> si te dedicas a ayudar a los hambrientos
>> y a saciar la necesidad del desvalido,
> entonces brillará tu *luz* en las tinieblas,
>> y como el mediodía será tu noche (*Is 58.6-8, 10*).

Un poco más adelante, Isaías agrega que aquella luz, es decir, la luz de la compasión, la justicia y la atención práctica de los necesitados, no solo refleja la luz de la propia presencia y gloria de Dios entre su pueblo, sino que también atraerá a las naciones. Se trata de una visión que refleja la promesa de Dios a Abraham, que las naciones serian bendecidas. Esta es una «luz» que es misionalmente atractiva (Is 60.1-3). Cuando el pueblo de Dios vive a la manera de Dios, y modela la bondad de Dios hacia los demás, esto hará que otros vean la verdad sobre Dios, lo conozcan y lo glorifiquen. ¿Acaso esto no se relaciona exactamente con lo que Jesús dijo sobre brillar como la luz del mundo, haciendo buenas obras?

Entonces, en el Antiguo Testamento, Dios le ordenó a Israel que fuera un pueblo comprometido con el ejercicio práctico y concreto de la compasión y la justicia. Y Jesús respaldó y reiteró aquel mandato a sus discípulos y, de hecho, lo profundizó radicalmente. Y luego, en la gran comisión, Jesús les encomendó que pasaran esta enseñanza a los nuevos discípulos («enseñándoles a obedecer todo lo que les he mandado a ustedes»). En su vida como comunidad de discípulos y en su misión de hacer discípulos, debían reflejar la bondad del Dios que cuida de los pobres y necesitados, la bondad del Dios que defiende la causa de la viuda y el huérfano. Aquella debe ser la calidad de nuestra bondad también, como discípulos de Jesús, con la vida de Cristo que habita dentro de nosotros mediante su Espíritu.

El apóstol Pablo también tuvo mucho que decir sobre la importancia de ser cristianos que hacen el bien. A veces no enfatizamos esto tanto como debiéramos. De hecho, a veces parece que tenemos miedo de tomar en serio (o predicar) las palabras de Pablo respecto a las buenas obras en la vida de los cristianos (que es bastante, como veremos en un momento). La razón de ello, por supuesto, es que estamos muy comprometidos con la doctrina de la «justificación solo por la gracia, y solo mediante la fe». Afirmamos con firmeza que *no podemos ser salvos por buenas obras.* Y entonces atenuamos todo lo que Jesús, Pablo y el resto del Nuevo Testamento dicen respecto a hacer el bien. No queremos dar la impresión de que nuestras propias buenas obras pueden ganarnos la salvación. Lo cual es cierto, por supuesto, y es parte vital e importante del evangelio de la gracia. Pero Pablo, quien fue tan insistente con el hecho de que no podemos ser salvos *por* nuestras buenas obras, fue igualmente insistente con el hecho que somos salvos *para* hacer buenas obras. No somos, y nunca podríamos ser, salvos *por* nuestras buenas obras, cualquier sea su cantidad. Pero somos salvos por la gracia de Dios *para* vivir vidas transformadas en las que hacer el bien es un componente clave.

Pablo ubica las dos verdades juntas en Efesios 2, en las frases que he marcado en cursiva:

> Porque por gracia ustedes han sido salvados mediante la fe; esto no procede de ustedes, sino que es el regalo de Dios, *no por obras*, para que nadie se jacte. Porque somos hechura de Dios, creados en Cristo Jesús *para buenas obras*, las cuales Dios dispuso de antemano a fin de que las pongamos en práctica (*Ef 2.8-10*).

Hace lo mismo en su carta a Tito, mostrando con claridad tanto el punto negativo como el positivo (como indican las frases que he marcado en cursiva):

> Pero, cuando se manifestaron la bondad y el amor de Dios nuestro Salvador, él nos salvó, no por nuestras propias obras de justicia, sino por su misericordia. Nos salvó mediante el lavamiento de la regeneración y de la renovación por el Espíritu Santo, el cual fue derramado abundantemente sobre nosotros por medio de Jesucristo nuestro Salvador. Así lo hizo para que, justificados por su gracia, llegáramos a ser herederos que abrigan la esperanza de recibir la vida eterna. Este mensaje es digno de confianza, y quiero que lo recalques, para *que los que han creído en Dios se empeñen en hacer buenas obras* (*Tit 3.4-8*).

Mientras tengamos en claro que las buenas obras no son la fuente o el motivo de nuestra salvación, Pablo insiste en que una vez que hemos experimentado la salvación de Dios hemos recibido el llamado a responder a su gracia salvadora y su amor redentor viviendo vidas cuya característica es la bondad. Como personas salvas por gracia, debemos ser personas comprometidas con hacer lo que es bueno y correcto en nuestras vidas personales y públicas, en la iglesia y en el mundo.

Dije anteriormente que Pablo tenía mucho que decir respecto a «hacer el bien». Este punto lo desarrolla en la mayoría de sus cartas, con un número notable de ejemplos en la breve carta a Tito.

- Aborrezcan el mal; *aférrense al bien* (Ro 12.9).
- Y Dios puede hacer que toda gracia abunde para ustedes, de manera que siempre, en toda circunstancia, tengan todo lo necesario, y *toda buena obra abunde en ustedes* (2Co 9.8; p. ej., en la generosidad).
- No nos cansemos *de hacer el bien*, (…) siempre que tengamos la oportunidad, hagamos bien a todos, y en especial a los de la familia de la fe (Gá 6.9-10).
- Vivan de manera digna del Señor, agradándole en todo. Esto implica dar fruto en *toda buena obra...* (Col 1.10).
- Ustedes, hermanos, no se cansen *de hacer el bien* (1Ts 3.13).
- [Un obispo] debe ser hospitalario, *amigo del bien*, sensato, justo, santo y disciplinado (Tit 1.8).
- A las ancianas, enséñales que sean reverentes en su conducta, y no calumniadoras ni adictas al mucho vino. Deben enseñar *lo bueno* (Tit 2.3).
- Con tus *buenas obras*, dales tú mismo ejemplo en todo (Tit 2.7).
- Él se entregó por nosotros para rescatarnos de toda maldad y purificar para sí un pueblo elegido, *dedicado a hacer el bien* (Tit 2.14).
- Recuérdales a todos que deben mostrarse obedientes y sumisos ante los gobernantes y las autoridades. Siempre deben estar *dispuestos a hacer lo bueno*: a no hablar mal de nadie, sino a buscar la paz y ser respetuosos, demostrando plena humildad en su trato con todo el mundo (Tit 3.1-2).

- Este mensaje es digno de confianza, y quiero que lo recalques, para que los que han creído en Dios *se empeñen en hacer buenas obras* (Tit 3.4-8).
- Que aprendan los nuestros a *empeñarse en hacer buenas obras*, a fin de que atiendan a lo que es realmente necesario y no lleven una vida inútil (Tit 3.14).

¿Por qué Pablo pone tanto énfasis en que los cristianos sean personas que hacen buenas obras? En otras palabras, ¿por qué es la bondad una parte fundamental del fruto del Espíritu, que debería ser evidente en nuestras vidas, en nuestro carácter, actitudes, pensamientos y comportamiento?

Una razón importante es que refleja la naturaleza y la verdad del evangelio. De hecho, refleja la dinámica de la cruz y la resurrección. Cuando Pablo dice: «No te dejes vencer por el mal; al contrario, *vence el mal con el bien*» (Ro 12.21), nos recuerda exactamente lo que Dios hizo en la cruz. Porque en la cruz, la bondad de Dios venció a todo el mal humano y satánico en la creación, cargándolo todo en sí mismo, en la persona de Jesús. La cruz es la máxima expresión de la bondad de Dios, y la resurrección demostró aquella victoria. El bien vence al mal. Esta es la historia de la Biblia. Esta es la esencia del evangelio. Y esta es nuestra esperanza para el futuro.

Entonces, cuando respondemos al mal en el mundo actuando con amabilidad y bondad, no solo estamos produciendo el fruto sobrenatural del Espíritu de Dios en nosotros, también estamos viviendo según el poder de la cruz y la resurrección, y estamos anticipando la victoria final de la bondad de Dios sobre todo el mal en el universo. De hecho, estamos *poniendo en práctica* la victoria de la cruz y la resurrección. *No* es que estemos haciendo el bien para ganar nuestra salvación (jamás). Más bien, al hacer el bien demostramos el poder transformador y salvador del evangelio.

Así, como pueden ver, la cruz y la resurrección son no solo la prueba de la *bondad de Dios*, también son la fuente y el patrón de todas y cada una de las bondades que *nosotros* podemos hacer como cristianos.

Oremos, entonces, para que el poder del Espíritu produzca en nosotros este fruto del Espíritu, y cultivémoslo en nuestra vida diaria.

Especialmente en el mundo público de nuestro trabajo y en todas nuestras relaciones sociales.

¡Hagamos lo que es bueno! ¡Hagamos lo que es correcto! Y que Dios se haga responsable de las consecuencias.

Preguntas para la reflexión personal o en grupo

1) *¿Que otros personajes de la Biblia son como Bernabé, «un hombre bueno, lleno del Espíritu Santo y de fe»? ¿Qué nos muestran acerca la bondad como fruto del Espíritu?*

____

____

____

____

____

2) *¿Existen ejemplos de personas en tu cultura, pasado y presente, quienes hayan hecho el bien y lo correcto, incluso cuando fue difícil y costoso?*

____

____

____

____

____

3) *Planifica un sermón o un estudio bíblico que enseñe claramente que las buenas obras no son la base de nuestra salvación, pero sí son la manera en que debemos vivir una vez que hayamos experimentado la salvación de Dios.*

____

____

____

____

____

Capítulo 7

La fidelidad

«¡Hiciste bien, siervo bueno y fiel!…» (*Mt 25.21, 23*)

Se trata de uno de los dichos favoritos de Jesús que todos sus seguidores anhelan escuchar. A medida que amamos y servimos a Cristo a lo largo de nuestras vidas, queremos ser siervos *fieles*. Y podemos serlo, dice Pablo, si permitimos que el Espíritu Santo produzca aquel fruto en nuestras vidas. ¿Pero qué significa? Creo que en la palabra «fidelidad» hay dos elementos entrelazados.

Por un lado, ser fiel significa ser *confiable*.[12] Una persona fiel es honesta e íntegra, es aquella en la que se puede confiar. Las personas fieles cumplen su palabra. Cumplen lo que prometen. Se puede confiar en que no engañarán ni harán trampa.

Por otro lado, ser fiel significa ejercer ese tipo de comportamiento confiable *por un largo periodo de tiempo*. Una persona fiel es aquella que ha demostrado que se puede confiar en ella a largo plazo. No hay que vigilarla. No hay que preocuparse de que, si bien hizo un buen trabajo la semana pasada, podría decepcionarnos en esta. No, la persona fiel demuestra que es habitualmente confiable en toda situación y circunstancia. La fidelidad es la característica *de alguien en quien podemos confiar todo el tiempo.*

Y, sin duda alguna, esto también sucede con Dios. Por ello la fidelidad es parte del fruto del Espíritu de Dios que obra en nosotros.

---

[12] Nota del editor: El autor, en la edición original, usa los términos ingleses *trustworthy* y *dependable* que, si bien son prácticamente sinónimos, en el idioma inglés poseen pequeños matices. No así en el español, donde confiable y fiable son términos que expresan la misma idea.

1. La fidelidad de Dios

¿Se te ocurre algo más que diga la Biblia respecto a la fidelidad de Dios? Uno de los poemas más antiguos de la Biblia describe a Dios como «la roca», y destaca las cualidades que inspiraron aquella metáfora:

> Proclamaré el nombre del Señor.
>> ¡Alaben la grandeza de nuestro Dios!
> Él es la Roca, sus obras son perfectas,
>> y todos sus caminos son justos.
> *Dios es fiel;* no practica la injusticia.
>> Él es recto y justo (*Dt 32.3-4*).

Los salmos, por todas partes, lo celebran:

> Todas las sendas del Señor son amor y verdad,
>> para quienes cumplen los preceptos
>>> de su pacto (*Sal 25.10*).

> La palabra del Señor es justa;
>> fieles son todas sus obras.
> El Señor ama la justicia y el derecho;
>> llena está la tierra de su amor (*Sal 33.4-5*).

> Tu amor, Señor, llega hasta los cielos;
>> tu fidelidad alcanza las nubes (*Sal 36.5*).

Supongamos que pudiéramos hablar con uno de los israelitas que escribió canciones como estas, y pudiéramos preguntarle: «Disculpe, pero *¿cómo esta seguro de ello? ¿Cómo puede estar tan seguro de que el Señor su Dios es fiel?*» Creo que nos hubiera hecho sentar, y nos habría contado su historia, es decir, la gran historia del pueblo de Israel en el Antiguo Testamento.

Veamos nuevamente las descripciones que el salmo 33 ofrece de Dios: fidelidad, justicia, amor. Para un israelita, la historia del éxodo demostró todas aquellas descripciones. «¿Preguntaban sobre la fidelidad del Señor?», nuestro amigo israelita nos diría. «Él cumplió su promesa a Abraham cuando nos sacó de Egipto. ¿Preguntaban sobre la justicia de Dios? Manifestó aquello cuando juzgó a los egipcios por su explotación económica y opresión genocida de nuestros antepasados.

¿Preguntaban sobre su amor? Escuchen cómo Dios nos soportó en medio de todas nuestras quejas y rebeldía en el desierto; cómo nos dio comida y agua y nos mantuvo a salvo de nuestros enemigos. Así es como sé que Dios es fiel. ¡Vengan y canten el salmo conmigo!».

Los israelitas conocían sus historias y continuaron cantando sobre la fidelidad de Dios, simplemente porque Dios había demostrado su fidelidad durante los largos siglos de su historia. Sabían que podían confiar en Dios, porque él había cumplido cada una de sus promesas.

Incluso cuando, por causa de su pecado, los israelitas sufrieron el juicio de Dios, apelaron a esta característica de Dios y le suplicaron que fuera fiel a sus promesas de restauración. Dios fue fiel. Cumplió sus promesas y también sus amenazas.

«Grande es tu fidelidad». Así empieza un conocido himno cristiano. Pero, en realidad, aquellas palabras aparecen justo en medio del libro de Lamentaciones (Lm 3.22-23). Este libro surgió en el momento más terrible de la historia de Israel en el Antiguo Testamento, cuando Jerusalén había sido destruida, el templo incendiado, y el pueblo enviado al exilio bajo el juicio de Dios debido a su pecado. Sin embargo, incluso en aquellas circunstancias horrendas, incluso cuando sufrían las consecuencias de *su propia* infidelidad, aún podían afirmar la eterna fidelidad de Dios. Así que, aquellas palabras aparecen como un rayo de luz en medio de la espantosa oscuridad de los capítulos que las rodean en el libro de Lamentaciones. Se puede confiar en Dios, incluso cuando la esperanza y la fe parecen haberse hecho añicos sobre las rocas del pecado y el sufrimiento.

Es obvio que el apóstol Pablo conocía estas Escrituras, en lo más profundo de su corazón y memoria. No es de sorprenderse que a menudo recordara a sus lectores respecto a la fidelidad de Dios, y que ahora había sido comprobada plenamente con la vida, muerte y resurrección de Jesús el Mesías.

- Fiel es Dios, quien los ha llamado a tener comunión con su Hijo Jesucristo, nuestro Señor (1Co 1.9).

- Pero Dios es fiel, y no permitirá que ustedes sean tentados más allá de lo que puedan aguantar. Más bien, cuando llegue la tentación, él les dará también una salida a fin de que puedan resistir (1Co 10.13).

- Que Dios mismo, el Dios de paz, los santifique por completo, y conserve todo su ser —espíritu, alma y cuerpo— irreprochable para la venida de nuestro Señor Jesucristo. El que los llama es fiel, y así lo hará (1Ts 5.23-24).

Así que se puede confiar en Dios. Ténganlo por seguro.

¿Pero se puede confiar en el pueblo de Dios? No mucho, lamentablemente. La historia del Israel del Antiguo Testamento está llena de repetidas y agobiantes infidelidades a Dios. Los profetas (especialmente Oseas y Jeremías) describen la infidelidad de Israel a Yahvé, el Dios que estableció un pacto con ellos, como la infidelidad en un matrimonio. Y sabemos que la infidelidad conyugal crea vacíos de traición, ingratitud y dolor. Esto es lo que Dios sintió cuando su propia fidelidad se enfrentó con la infidelidad de Israel.

Ahora tengamos cuidado aquí también. No debemos sentirnos superiores y condenar a los israelitas del Antiguo Testamento. Porque la historia de la iglesia cristiana no ha sido mucho mejor. La infidelidad del pueblo de Dios a lo largo de los siglos, y la notable y contrastante fidelidad de Dios para con su pueblo, a pesar de sus fallas, es una de las tramas más claras y constantes a lo largo de la Biblia y la historia de la iglesia.

Pero hay excepciones. Hubo algunos hombres y mujeres en el Antiguo Testamento que mostraron una fidelidad ejemplar a Dios y al llamado de Dios en sus vidas, con una obediencia y un compromiso confiables, a largo plazo, costoso y para toda la vida. Hebreos 11 enumera algunos de los mejores ejemplos de tal fe y fidelidad. Pero tomemos uno de ellos: Moisés. Creo que podemos aprender mucho de las historias de Moisés sobre lo que Pablo quería decir cuando se refería a la fidelidad como fruto del Espíritu.

2. La fidelidad de Moisés

El autor de Hebreos compara a Jesucristo con Moisés en este aspecto, su fidelidad.

> Por lo tanto, hermanos, ustedes que han sido santificados
> y que tienen parte en el mismo llamamiento celestial,

considieren a Jesús, apóstol y sumo sacerdote de la fe que profesamos. Él fue fiel al que lo nombró, como lo fue también Moisés en toda la casa de Dios (*Heb 3.1-2*).

Ahora bien, la última parte de la oración, que se refiere a Moisés, en realidad está citando a Dios mismo. Recordemos la historia de Números 12. Moisés se enfrenta a una crisis dentro de su familia: Aarón y Miriam han desafiado a su hermano. Pero Moisés, siendo un hombre humilde, no dice nada. Sin embargo, Dios habla en su defensa diciendo:

> Cuando un profeta del Señor
>   se levanta entre ustedes,
> yo le hablo en visiones
>   y me revelo a él en sueños.
> Pero esto no ocurre así
>   con mi siervo Moisés,
> porque en toda mi casa
>   él es mi hombre de confianza.
> Con él hablo cara a cara,
>   claramente y sin enigmas.
> Él contempla la imagen del Señor.
>   ¿Cómo se atreven a murmurar
>   contra mi siervo Moisés? (*Nm 12.6-8*).

¿Por qué destaca Dios esa cualidad en la vida de Moisés? Bueno, sí leemos la historia completa en Números 11–16, nos encontramos con la lista de problemas que tuvo que enfrentar Moisés como líder.

- Problemas de abastecimiento (Nm 11). ¿Cómo se supone que habría de alimentarlos a todos con carne?
- Confusión sobre los dones del Espíritu (Nm 11.24-30). ¡Nada ha cambiado!
- Críticas de parte de su propia familia acerca de su matrimonio (Nm 12).
- Desánimo de parte de la mayoría de los espías enviados a Canaán (Nm 13).
- Rebelión quejumbrosa de parte de todo el pueblo (Nm 14.1-9).

- Amenazas de muerte (Nm 14.10).
- Sublevación de líderes tribales clave (Nm 16).

Sin embargo, en medio de crisis tras crisis, Moisés permaneció fiel a la obra que Dios le había encomendado. Dios reconoció que podía confiar en Moisés, incluso bajo mucha presión. Es por ello que Dios mismo elogia a Moisés por su fidelidad.

En estas historias de Números veo la fidelidad de Moisés especialmente en dos áreas, y en ambas se perfila como un buen modelo para líderes cristianos que quieren sobresalir por su fidelidad.

a) Ausencia total de celos egoístas (Nm 11)

Durante el transcurso de Números 11, aparecen dos hombres, Eldad y Medad, que no acompañaron al resto de los ancianos de Israel cuando Dios les «compartió» el Espíritu que le había dado a Moisés, para que pudieran ayudarlo a llevar la carga del liderazgo. Se habían quedado en el campamento (no se nos dice por qué; quizá estaban enfermos o se olvidaron qué día era). Pero Dios no los excluyó. «Sin embargo, el Espíritu descansó sobre ellos y se pusieron a profetizar dentro del campamento» (Nm 11:26).

Entonces alguien corre a decirle a Moisés que dos personas están profetizando en el campamento y ¡sin su permiso o supervisión! ¡Esto podría salirse de control! Entonces Josué interrumpe y dice: ¡Moisés, señor mío, detenlos! Josué era el segundo al mando después de Moisés. Y a menudo las personas en dicho cargo sufren de mucha ansiedad por proteger la autoridad del líder (ya que su propio cargo depende del estatus de su líder). Entonces Josué piensa que este estallido carismático no autorizado ni supervisado es una amenaza contra Moisés (y, por tanto, quizá también contra él). Así que su respuesta es típica: «¡Esto tiene que parar ahora!».

Me encanta cómo Moisés le respondió a Josué. Creo que debe haber tenido un cierto brillo en sus ojos mientras lo reprendía. «¿Estás celoso por mí? ¡Cómo quisiera que todo el pueblo del Señor profetizara, y que el Señor pusiera su Espíritu en todos ellos!» (Nm 11.24-30).

Moisés no tenía ninguna objeción si Dios quería difundir sus dones. No necesitaba monopolizar al Espíritu de Dios. Si otros podían beneficiarse de los dones que Dios le había dado, mucho mejor.

Mientras más personas tuvieran una porción del Espíritu, quizás menos agobiarían a Moisés con todos sus problemas. A Moisés no le interesaba reforzar su propia autoridad manteniendo al Espíritu de Dios y sus dones para sí mismo. Más bien, Moisés quería servir a Dios y a su pueblo de la manera que mejor le pareciera a Dios. Fue fiel tanto a Dios como al pueblo. Ser fiel a Dios y al pueblo significa que no sentimos envidia por los demás, ni nos molesta cuando otras personas ejercen dones espirituales que creemos que son nuestros solamente. Moisés mostró su fidelidad al no tener esta clase de celos egoístas.

b) Ausencia total de ambición egoísta (Nm 11)

Más adelante en la misma historia, el pueblo se rebeló una vez más y se negó a continuar hacia la tierra prometida. Por segunda vez (la primera fue en el monte Sinaí en Éx 32-34), Dios amenazó con destruir a aquellas personas y comenzar de nuevo con Moisés. En otras palabras, Dios aún crearía un pueblo para su propósito, pero ya no serían los hijos de Israel, descendientes de Abraham. Serían los «hijos de Moisés».

Pero Moisés se negó. Si pensamos en todas las molestias y penurias que tuvo que sufrir por aquellas personas, debe haber sido una gran tentación imaginar deshacerse de ellos y comenzar de nuevo con solo su propia familia. Pero no. Moisés rechazó la sugerencia de Dios y en su lugar le suplicó que perdonara a aquella gente. Podemos leer esta increíble historia en Números 14.10-19; y que se vuelve a relatar en Deuteronomio 9.13-29.

Entonces, lo que vemos es que Moisés no tenía ambición alguna por construir un imperio para sí mismo. No deseaba la gloria de ser el fundador de una gran nación. Más bien, toda su vida, su trabajo, oración y pasión, fue servir al pueblo, *este pueblo*, el que Dios había confiado a su reacio liderazgo desde su encuentro en la zarza ardiente. No permitiría que ni el propio Dios lo desvíe de su llamado. Esta es la fidelidad genuina. ¡Para Moisés significó cuarenta años de obediencia fiel a Dios y liderazgo fiel de un grupo muy ingrato de personas, cumpliendo una labor que ni siquiera al principio había querido!

Elegí a Moisés como un excelente ejemplo de fidelidad. Pero podríamos seleccionar otros personajes bíblicos y hacer una lista de los eventos en sus vidas que manifiestan esta cualidad de fidelidad.

Podríamos pensar en José, Samuel, Rut, Daniel, Jeremías. ¿De qué maneras demostraron su fidelidad en acción, mientras Dios obraba en sus vidas?

3. Fidelidad en la enseñanza y el ejemplo de Jesús y Pablo

a) Jesús

Como señala Hebreos, en calidad de Hijo de Dios, Jesús fue fiel aún más que Moisés lo fue como siervo de Dios. Jesús fue fiel a la tarea que vino a cumplir. Hizo la voluntad de su Padre y terminó la obra que se le había encomendado, a pesar de todos los obstáculos y tentaciones, humanas y satánicas. Entonces, al final de su vida, cuando se preparaba para ser obediente hasta la muerte, pudo decirle a su Padre: «Yo te he glorificado en la tierra, y he llevado a cabo la obra que me encomendaste» (Jn 17.4).

Y así, Jesús pide fidelidad entre sus seguidores. Seguir a Jesús requiere compromiso y perseverancia. Significa negarse a sí mismo y tomar la cruz. No es para aquellos que comienzan con entusiasmo, pero luego se retractan rápidamente. No es para los que están enredados en todo tipo de prioridades. No es para aquellos que dicen «¡Señor! ¡Señor!» a Jesús, pero nunca hacen lo que él pide. No es para aquellos que quieren un camino fácil. Dentro del reino de Dios, las bienaventuranzas nos señalan una calidad de vida muy distinta y que se opone a la vida superflua y fácil.

La cita al comienzo de este capítulo («¡Hiciste bien, siervo bueno y fiel! ...») proviene de la famosa parábola de Jesús sobre unas monedas de oro que un señor les confió a sus siervos. El hombre de la historia dijo esas palabras a los dos criados que usaron lo que les había sido encomendado para producir beneficio a su señor. Trabajaron con lo que tenían y produjeron buenos resultados para él. Y por ello el señor los llamó «siervo bueno y fiel» (Mt 25.14-23). Fueron *buenos* porque sabían qué era lo correcto y lo hicieron, y fueron *fieles* porque eran confiables, y no intentaron enriquecerse a expensas de su patrón.

Ahora bien, esta parábola, como las demás en Mateo 25, no trata directamente sobre el dinero como tal, pero es una de varias ilustraciones que Jesús usó para hablar del apremio del reino de Dios y las responsabilidades de aquellos quienes conocen y sirven al Rey. Pero a veces Jesús realmente habló sobre el dinero y las posesiones, y en términos muy literales. Expresó advertencias muy severas sobre la adicción a estos. Pero también insistió que, cuando manejemos dinero, debemos ser personas totalmente confiables, íntegras y honestas. La fidelidad incluye ser responsables, tanto en lo material como en lo espiritual.

> «El que es honrado en lo poco también lo será en lo mucho; y el que no es íntegro en lo poco tampoco lo será en lo mucho. Por eso, si ustedes no han sido honrados en el uso de las riquezas mundanas, ¿quién les confiará las verdaderas? Y, si con lo ajeno no han sido honrados, ¿quién les dará a ustedes lo que les pertenece?
>
> Ningún sirviente puede servir a dos patrones. Menospreciará a uno y amará al otro, o querrá mucho a uno y despreciará al otro. Ustedes no pueden servir a la vez a Dios y a las riquezas» (*Lc 16.10-13*).

Jesús fue muy claro. «Las riquezas»[13] son el gran enemigo para servir a Dios, no me refiero solo al dinero en sí mismo, sino a este como fuente poderosa y seductora de tentación e idolatría. La infidelidad en torno al dinero ha sido la perdición de muchos cristianos, y en especial de líderes cristianos.

La fidelidad, entonces, requiere integridad y rendición de cuentas, porque exige *confianza*. Y solo podemos realmente confiar en alguien cuando aquella persona ha demostrado ser *confiable*, es decir honesta, transparente y responsable en todos sus tratos. Porque si no son totalmente confiable en relación con el dinero, ¿cómo podremos confiar en aquella persona para asuntos espirituales o pastorales?

---

[13] Nota del editor: El autor, en la edición original, usa el término que se translitera del griego como «mamon». Dado que en español es un término que podría ser malsonante, hemos optado por usar como equivalente el término «las riquezas», tal como aparece en la NVI.

b) Pablo

El apóstol Pablo fue muy cauteloso en cuestiones del manejo de dinero. Hizo una colecta de dinero entre las iglesias cristianas en Grecia para llevarla a los cristianos judíos en Jerusalén, que estaban pasando necesidad. Y se refirió mucho a aquella colecta, en Romanos 16, 1 Corintios 16 y 2 Corintios 8-9. Evidentemente, era muy importante para él, tanto teológicamente como también por el motivo práctico de satisfacer una necesidad. Pablo vio aquella ofrenda de dinero como una prueba tangible de que estos creyentes gentiles realmente habían creído el evangelio y lo estaban obedeciendo al compartir sus bienes materiales (que no eran abundantes, ya que ellos también eran pobres) con los creyentes judíos.

Ahora bien, podríamos pensar que Pablo pudo simplemente haber dicho: «Entréguenme el dinero y lo llevaré a Jerusalén. Confíen en mí, soy apóstol». Pero no. Pablo se aseguró de que hubiera otras personas además de él involucradas en cada aspecto del proyecto, personas que eran confiables y que habían sido elegidas por las iglesias. Aquellos hombres supervisaron la colecta y viajaron junto a Pablo para asegurarse de que todo estuviera cuidadosamente contabilizado.

Los preparativos que Pablo puso en marcha fueron bastante complicados (se pueden ver en 1Co 16.3-4; 2Co 8.16-24). No es fácil identificar a todos los involucrados, pero sí es claro que fueron varios. Y probablemente fue bastante costoso llevar a cabo toda la operación de la manera en que Pablo la organizó. Obviamente, habría sido mucho más costoso que cinco o seis hombres viajaran de Grecia a Jerusalén, que Pablo viajara solo; al igual que hoy en día, viajar por tierra y mar no era algo barato.

Por lo tanto, los arreglos y precauciones que Pablo incorporó en la administración de esta ofrenda pudieron haber despertado ciertos cuestionamientos. La gente pudo haberlo criticado diciendo: «¿Por qué enviar tanta gente? Vas a desperdiciar parte del donativo con semejantes gastos», de la misma manera cuando a veces nos quejamos del costo de auditoría de nuestras cuentas. Pero Pablo insistió: «Queremos evitar cualquier crítica sobre la forma en que administramos este generoso donativo; porque procuramos hacer lo correcto, no solo delante del Señor, sino también delante de los demás» (2Co 8.20-21).

¿No es una declaración maravillosa? Creo que estos versículos deberían servir como un lema para la fidelidad, honestidad e integridad. Deberían colgarse en la pared de cada pastor y líder, y en las oficinas de cada iglesia o misión cristiana.

Pablo exigió una total rendición de cuentas, de sí mismo y de todos los involucrados en el manejo de ese dinero. Tal responsabilidad es parte crucial de la integridad y la fidelidad bíblica. Tristemente, en muchos lugares está visiblemente ausente, especialmente entre pastores y líderes cristianos que exigen la confianza de los demás y no aceptan ser cuestionados. Pero, ya que se niegan a rendir cuentas, caen en tentación y su corrupción trae desgracia sobre sí mismos y la iglesia, y sobre el nombre de Cristo.

Es más, Pablo puso en práctica esta prueba de confiabilidad no solo a sí mismo y sus compañeros, sino también a esclavos. Los esclavos eran tan explotados y maltratados, que cualquiera de ellos podría haber pensado que no le debía nada a su amo y que, si se les presentaba la oportunidad de engañar o robar a su amo, ¿por qué no hacerlo?

Pero Pablo les dice a los esclavos que se habían convertido en creyentes de Jesús que debían vivir con una actitud diferente. Debían servir a sus amos como si sirvieran al Señor mismo (Ef 6.5-7), y ello incluía ser fiel y confiable (tal como lo harían para el Señor). Y entonces agrega: «Enseña a los esclavos a… demostrar que son dignos de toda confianza, para que en todo hagan honor a la enseñanza de Dios nuestro Salvador» (Tit 2.9-10).

En otras palabras, la fidelidad, la honestidad y la confianza son cualidades que hacen atractivo al evangelio para aquellos que todavía no creen.

Una última reflexión

Al comienzo del capítulo dijimos que la fidelidad también incluye un *compromiso a largo plazo, constante, confiable y de por vida*. En ese sentido la fidelidad incluye una lealtad que es de todo corazón e integral, es decir, que abarca toda la vida, que nace del amor y se sostiene por una constante gratitud. Ese tipo de compromiso incluye, por supuesto, una fidelidad inquebrantable a Cristo como nuestro Señor y Salvador.

También significa fidelidad a la Biblia, fidelidad al evangelio, fidelidad a la iglesia y fidelidad a la obra que Dios nos ha encargado. Significa fidelidad a la misión de Dios en el mundo y a todos aquellos que estamos involucrados en esto juntos.

La fidelidad significa que sabemos bien lo que *creemos*, a quién realmente *amamos,* y con qué estamos *comprometidos*. La fidelidad significa que estamos seguros del por qué queremos vivir y por qué estamos dispuesto a morir. La fidelidad es lo que Eugene Peterson llamó: «una larga obediencia en la misma dirección».[14]

A Pablo le encantaba mencionar este tipo de fidelidad a largo plazo cuando mandaba saludos a las personas. Habló de algunos de sus compañeros como «*fieles hermanos*». Utilizó esa frase en varias instancias para referirse a Timoteo, Epafras, Onésimo, Tíquico y Apeles. Y seguramente hubiera dicho lo mismo respecto a las mujeres que menciona, quienes, como él dijo, «trabajaron muy duro en el Señor», Febe, Priscila, María, Junías, Trifena, Trifosa y Pérsida. Me encanta esta lista de personas en Romanos 16. Convierte a todo este asunto en algo muy personal. Estas eran personas *reales*, hombres y mujeres, algunas de las cuales pasaron tiempo en prisión con Pablo y algunas que arriesgaron sus vidas por él. Estos eran amigos fieles, personas en las cuales Pablo podía confiar. Y entonces Pablo le agradeció a Dios por ver aquel fruto en sus vidas, su fidelidad para con él y con su misión compartida.

De la misma manera Pedro elogia a Silvano: «Con la ayuda de Silvano, a quien considero un *hermano fiel,* les he escrito brevemente, para animarlos y confirmarles que esta es la verdadera gracia de Dios. Manténganse firmes en ella» (1P 5.12).

Y el anciano Juan elogia a Gayo por su *fidelidad a la verdad* y por su *comportamiento fiel* «en todo lo que haces por los hermanos, aunque no los conozcas» (3Jn 3, 5). Es evidente que era un fiel predicador y así mismo un fiel pastor que apoyaba a los demás.

Así que al final de su propia vida, Pablo pudo decir aquellas famosas palabras:

---

14 Eugene H. Peterson, *A Long Obedience in the Same Direction: Discipleship in an Instant Society* (Downers Grove: InterVarsity Press, 1980).

«He peleado la buena batalla, he terminado la carrera, *me he mantenido en la fe*. Por lo demás me espera la corona de justicia que el Señor, el juez justo, me otorgará en aquel día; y no solo a mí, sino también a todos los que con amor hayan esperado su venida» (*2Ti 4.7-8*).

«¡Hiciste bien, siervo bueno y fiel! …»

Preguntas para la reflexión personal o en grupo

1) *Prepara una serie de sermones o estudios bíblicos sobre personajes bíblicos que, como Moisés, demostraron fidelidad. Piensa, por ejemplo, en José, Samuel, Elías, Rut, Daniel, Jeremías, y otros.*

____

____

____

____

____

2) *Prepara un sermón o un estudio bíblico en el cual presentes la fidelidad de Dios, y luego anima a que tus oyentes reflejen la fidelidad de Dios en la manera en que viven sus vidas. ¿Qué pasajes bíblicos elegirías?*

____

____

____

____

____

3) *¿De qué maneras tu cultura reconoce y aprueba la fidelidad en las relaciones interpersonales? ¿La fidelidad como fruto del Espíritu refleja aquellos valores, o los desafía de algún modo?*

____

____

____

____

4) *¿Hay maneras en las que los cristianos de tu iglesia o cultura sufren la tentación de no ser fieles en sus vidas? ¿De qué maneras podrías predicar o enseñar a partir de la Biblia para corregir esto?*

____

____

____

____

____

____

Capítulo 8

La humildad

Entre la humildad y la paciencia hay una relación estrecha. No es ninguna sorpresa que las encontremos en la lista que Pablo ofrece respecto al fruto del Espíritu. ¿Cuál es la similitud y cuál la diferencia?

Bueno, si la paciencia es la capacidad de soportar la hostilidad y la crítica *sin enojarse*, entonces la humildad es la capacidad de soportar lo mismo sin *agresión*. La humildad se manifiesta cuando hemos aprendido que la manera cristiana de responder a los conflictos y disputas, al rechazo, a la injusticia o a las palabra hirientes, NO es con agresión y autodefensa, NO es con palabras agresivas e hirientes, NO es con gestos y expresiones iracundas, NI poniéndose a la defensiva o zahiriendo al oponente. Más bien, la manera cristiana de responder a tales cosas es con cariño, controlando la lengua y el temperamento.

La humildad significa estar muy consciente de que la otra persona también es un ser humano con sentimientos. Y quizá aquella persona, incluso cuando se comporte de una manera muy desagradable, sufre igual por lo que está pasando. Entonces si replicamos con una agresión parecida o incluso mayor, la situación empeorará. Nos lastimaremos mucho más. ¿Y qué sentido tendrá aquello?

La humildad no significa necesariamente que no debemos decir nada en lo absoluto y aguantarnos todo (aunque en algunos casos quizá sea necesario; recordemos la conducta de Jesús durante su juicio). Una respuesta amable también puede ser convincente, firme y clara, sin que se recurra a un feroz exabrupto.

La humildad también se aproxima a la *modestia*, y algunas veces ambas van de la mano. Por ejemplo, son las primeras cosas que menciona Pablo cuando les dice a sus lectores que vivan vidas dignas del evangelio. «Por eso yo, que estoy preso por la causa del Señor, les ruego que vivan de una manera digna del llamamiento que han recibido, *siempre humildes y amables*, pacientes, tolerantes unos con otros en amor» (Ef 4.1-2).

1. La humildad en la Antigüedad

Ahora bien, en el mundo grecorromano, aquel en el que Pablo escribió su carta a los cristianos de Galacia, la humildad y la modestia eran cualidades que poseían muy poco valor. Aristóteles llegó a incluir la humildad (la misma palabra griega que Pablo utiliza aquí) en su lista de virtudes. Pero en realidad era una virtud endeble.

Aristóteles definió la «humildad» como «el término medio» entre dos extremos. La humildad, según Aristóteles, se encuentra a medio camino entre la ira excesiva (que era algo malo) en un extremo y la incapacidad de enojarse en lo absoluto, de ser apático (que también es algo malo) en el otro extremo. La humildad, para Aristóteles, significaba tener una respuesta medida y calmada frente a todo lo que la vida nos presenta. Creía que la humildad, en ese sentido, era algo bueno o al menos era mejor que hacer berrinches o actuar como si nada importara en lo absoluto. Pero todo ello, en realidad, define a la humildad como algo negativo, ni lo uno ni lo otro. Se ve muy distante de aquella humildad positiva y atrayente que Pablo se imagina como fruto del Espíritu del Dios viviente, y cuyo ejemplo supremo lo vemos en Jesucristo.

Si la humildad pudo haber sido una virtud que Aristóteles aceptó «a regañadientes», la modestia (muy cercana a la humildad) sufría, por lo general, el desprecio de la cultura grecorromana. La modestia no constituía una virtud en lo absoluto, y definitivamente NO era una de las virtudes heroicas. De hecho, a la modestia se la consideraba un vicio. *Los hombres de verdad* no eran humildes ni modestos. *Los hombres de verdad* eran fuertes, poderosos y dominantes. Presumir de la superioridad de uno mismo no se consideraba algo de «mal gusto», como sucede ahora en la buena sociedad moderna. Presumir de uno mismo era una forma de arte, que se refinaba con mucho esmero. ¡Los hombres de verdad eran triunfadores! Y los verdaderos hombres se aseguraban de que todos los demás lo supieran. Entonces, ¿y qué de la modestia? ¡No, no! Si uno tenía algo de qué presumir (incluso si no lo tuviera), había que hacerlo a lo grande. *¡No se debe ser* modesto! Aquella era la cultura en los días de Pablo.

Esa clase del ideal súper masculino aún domina la cultura popular en las películas de Hollywood, protagonizadas por los «buenos» y los míticos superhéroes, que lo conquistan todo y son por lo general violentos. Lamentablemente, esta mentalidad machista parece estar muy vigente a nivel popular. ¿Humildad y modestia? ¡Quién las necesita! Es camino seguro a que nos pisoteen.

Aquellas películas tienen una gran influencia en nosotros. Seamos honestos, debo confesar que cuando era joven, al ver películas de héroes viriles y poderosos, a veces me lamentaba un poco de ser cristiano. ¡Qué fantástico sería chasquear los dedos, decir frases ingeniosas y enérgicas, rugir algunas órdenes y que la gente corra apresuradamente a obedecerte! O sacar un arma, o ser capaz de defenderse con toda clase de técnicas de combate, y hacer que desaparezcan los malos. Pero siendo cristiano sabía que no podía hacer nada de ello o, por lo menos, sabía que no *debía* hacer aquellas cosas aun si pudiera. Ser humilde y modesto, en comparación con lo otro, no parecía tan divertido.

Así que, sutil y peligrosamente, la cultura y sus héroes dan forma a nuestros pensamientos y actitudes. Y tristemente, incluso algunos líderes cristianos caen en la tentación de ser ese tipo de líderes «superhéroes» que la cultura popular promueve. Hay algunos pastores y presidentes de organizaciones cristianas que se comportan de manera autocrática, exigiendo obediencia inmediata a sus instrucciones. La humildad y la modestia, características de Cristo, están muy alejadas de la personalidad, las palabras y obras de estos personajes. Como resultado, en realidad no se parecen a Cristo a pesar de ser líderes cristianos.

Pero la Biblia presenta un ideal muy distinto, uno que iba en contra de la cultura de aquel entonces, y que todavía lo hace hoy. La lista de Pablo respecto al fruto del Espíritu incluye términos que habrían sorprendido a sus contemporáneos. De hecho, solamente el poder y la influencia del evangelio cristiano (junto con la presencia del Espíritu Santo, por supuesto), han logrado cambiar la percepción y la aceptación de la humildad y la modestia como virtudes (incluso dentro de la sociedad secular). En última instancia, por supuesto, lo que llevó a esta lenta transformación cultural fue el carácter de Cristo mismo, que demostró la fuerza increíble de la verdadera humildad y modestia. Por el poder del evangelio y el atrayente testimonio de generaciones de creyentes en quienes el fruto del Espíritu se hizo visible, algo que alguna vez se vio como vergonzoso, débil y despreciado, llegó a ser considerado como una de las virtudes más importantes del cristianismo: la humildad y la modestia.

Tal como lo hemos hecho anteriormente, necesitamos comenzar con Dios. Y una vez más, aunque parezca sorprendente, necesitamos comenzar en el Antiguo Testamento.

2. La humildad de Dios en el Antiguo Testamento

Es probable que la humildad no sea la primera palabra que nos venga a la mente para describir a Dios en el Antiguo Testamento. Sin embargo, los salmistas y otros a menudo escribieron de Dios en esos términos. Por supuesto que también hablaron de su increíble poder, imponente como la tormenta, con una voz capaz de derribar montañas. Sí, pero también usaron otras metáforas.

David compara a Dios con el apacible pastor que cuida de sus ovejas, que las lleva a aguas tranquilas para beber, a pastos frescos para que se alimenten y que las protege de lugares peligrosos.

> El Señor es mi pastor, nada me falta;
>   en verdes pastos me hace descansar.
> Junto a tranquilas aguas me conduce;
>   me infunde nuevas fuerzas.
> Me guía por sendas de justicia
>   por amor a su nombre (*Sal 23.2-3*).

Isaías desarrolla la misma imagen. Luego de describir a Dios todopoderoso, Isaías dice:

> Como un pastor que cuida su rebaño,
>   recoge los corderos en sus brazos;
> los lleva junto a su pecho,
>   y guía con cuidado a las recién paridas (*Is 40.11*).

Dios es compasivo como un padre que sabe que sus hijos e hijas son débiles y vulnerables:

> Tan compasivo es el Señor con los que le temen
>> como lo es un padre con sus hijos.
> Él conoce nuestra condición;
>> sabe que somos de barro (*Sal 103.13-14*).

El libro de Deuteronomio describe a Dios como un padre solícito, que guía a su pueblo como un padre guía a su hijo, para guardarlo del peligro. Claro que la imagen parental incluye la disciplina, pero esta se da en el contexto de la atención de Dios ofrece a todas nuestras necesidades.

> … y en el desierto. Por todo el camino que han recorrido, hasta llegar a este lugar, ustedes han visto cómo el Señor su Dios los ha guiado, como lo hace un padre con su hijo (*Dt 1.31*).

> Recuerda que durante cuarenta años el Señor tu Dios te llevó por todo el camino del desierto, y te humilló y te puso a prueba para conocer lo que había en tu corazón y ver si cumplirías o no sus mandamientos. Te humilló y te hizo pasar hambre, pero luego te alimentó con maná, comida que ni tú ni tus antepasados habían conocido, con lo que te enseñó que no solo de pan vive el hombre, sino de todo lo que sale de la boca del Señor. Durante esos cuarenta años no se te gastó la ropa que llevabas puesta, ni se te hincharon los pies. Reconoce en tu corazón que, así como un padre disciplina a su hijo, también el Señor tu Dios te disciplina a ti (*Dt 8.2-5*).

Además, algunas historias representan a Dios que trata afectuosamente a ciertas personas, historias que olvidamos fácilmente ya que solo recordamos aquellas que involucran su ira y juicio.

Piensen en Agar. Cuando ella huyó de Abraham y Sara la primera vez (en Gn 16), porque Sara la maltrataba, y terminó deambulando por el desierto, embarazada, y encarando una muerte segura, ¿quién la encontró? No fueron los dioses de Egipto, de dónde había venido y probablemente hacia donde trataba de volver, sino el propio Dios de Abraham. Y después de que Dios la consolara y le diera una promesa respecto al hijo que habría de tener, se convirtió en la primera persona de la Biblia en nombrar a Dios: «*Tú eres El Roí*», dijo, «*el Dios que me ve*». ¡Una mujer extranjera, esclava y concubina! Vemos el afecto que Dios tuvo por Agar. Pero, volvió a suceder, cuando Abraham la expulsó otra vez junto con su joven hijo Ismael. Esta segunda vez (Gn 21.8-21), Dios salvó sus vidas, proveyéndoles agua en el desierto (algo que Dios sabe hacer muy bien).

Piensen en Elías. Me encanta la manera afectuosa con la que Dios trató con Elías cuando este se sentía deprimido y con deseos de suicidarse, huyendo de las amenazas de muerte de parte de Jezabel (1R 19). Cuando Dios lo encontró en el desierto, bajo la sombra de un arbusto esperando morir, Dios lo consoló como haría una madre, dándole descanso y comida. ¡Y qué clase de comida!, pan recién horneado en el cielo y entregado por un ángel. La humildad de Dios es sorprendente en esta historia (si bien Elías ni siquiera agradeció por la comida; tan solo la comió y se volvió a dormir).

Después Dios lo llevó de nuevo al monte Sinaí y le mostró una presentación audiovisual del viento, un terremoto y fuego. Pero notablemente «Dios no estaba en el viento, ni en el temblor ni en el fuego». Entonces ¿Cómo le habló Dios a Elías? Con un suave murmullo, o como dice la NBLA «el susurro de una brisa apacible». Dios fue apacible, con su profeta fracasado. Y lo restauró y lo envió de nuevo a su misión. Así es la humildad divina en acción. Creo que es un anticipo respecto a la manera en que Jesús trató a Pedro, en lo cual pensaremos en un momento.

3. La humildad de Jesús

Dulce y humilde Jesús / niño fuiste una vez.[15]

Las palabras que este himno utiliza respecto a Jesús no significan que él era un cobarde y que jamás alzó la voz ni defendió a los demás. Por el

---

[15] Nota del editor: La cita en el original pertenece a un himno de Charles Wesley (cuya traducción no hemos podido ubicar), conocido por su primera estrofa: *Gentle Jesus, meek and mild / thou wast once a little child.* Dado que los himnos traducidos casi nunca concuerdan con las palabras de sus originales y, por ello, los traductores se ven en la necesidad de traducir las ideas que contiene el himno, hemos incluido una traducción *ad hoc* que refleja el mismo heptasílabo del original.

contrario, Jesús era capaz de decir la verdad con audacia y confrontar a los demás con gran firmeza. Los Evangelios contienen muchas ilustraciones de ello. Pero su humildad es el mayor ejemplo de su solidez. Jesús no se volvió agresivo o beligerante cuando sus enemigos trataron de engañarlo, ni tampoco cuando lo acusaron falsamente. Jesús no intimidaba ni humillaba a los demás, y dedicó tiempo para aquellos a quienes el resto de la sociedad menospreciaba, humillaba y marginaba.

Una de las frases más queridas de Jesús es: «Carguen con mi yugo y aprendan de mí, pues *yo soy apacible y humilde de corazón*, y encontrarán descanso para su alma» (Mt 11.29).

Al hablar de su «yugo», Jesús ofreció un contraste entre su propio camino y el camino de los maestros de la ley mosaica. Había una expresión: «Carga con el yugo de la ley». Significaba que el israelita fiel debía doblar su cuello y someterse a la ley del Señor, como un buey se sometía al yugo que su dueño ponía sobre él. Y, claro, en cierto sentido, es algo muy correcto y bueno. Dios entregó a Israel su ley para que fuera de beneficio, siempre y cuando Israel la obedeciera y se sometiera a la autoridad de su pacto. El pueblo recibió la ley luego de que Dios los redimiera, porque el propósito de esta fue permitirles vivir dentro del ámbito de aquella bendición producto de la redención. Su sociedad y cultura rebosarían de integridad, justicia y compasión. Entonces, someterse al yugo de la ley tenía el propósito de ser una actividad positiva, íntegra y vivificante.

Pero para la época de Jesús, los guardianes de la sociedad israelita, esto es, los fariseos y escribas, los que estudiaban, enseñaban e interpretaban la ley, habían agregado tanto a la ley que se había convertido en una tediosa carga. Lejos de liberar a las personas para que disfruten su relación con Dios, se había convertido en instrumento de un avasallador conformismo. Era cualquier cosa menos «humilde», y aquellos líderes públicos demostraban ser cualquier cosa menos «modestos».

Bueno, Jesús ciertamente no le dijo a la gente que se *deshiciera* del yugo de la ley, es decir, de las Escrituras de la Torá. Deshacerse del yugo de la ley fue una de las maneras en que los profetas describieron la rebeldía del Israel del Antiguo Testamento (p. ej., Jer 2.20). Significaba desobedecer a Dios y no someterse a su autoridad, lo cual Israel había hecho durante siglos. Al contrario, Jesús insistió que no había venido para *abolir* la ley y los profetas, sino más bien para *cumplirlos*. La gente necesitaba ver a Jesús como su perfecto maestro, líder y ejemplo a seguir. Necesitaban verlo como la verdadera encarnación de lo que la ley señalaba, es decir, como aquella relación con Dios, amorosa, fiel, compasiva y obediente. Y podían vivir de aquella manera si estaban dispuestos a tomar *su* «yugo» y someterse a él.

El discipulado de Jesús, seguirlo a él, significa volverse más y más como él, es decir, que nuestra característica sea la humildad y modestia de Cristo. Y aquella manera de parecernos a Cristo, que es fruto del Espíritu de Jesús, es muy distinta a la arrogancia y la prepotencia que fácilmente pueden envenenar y contaminar la manera en que algunas personas se comportan cuando su religión se convierte en santurronería beligerante.

Piensen en algunos ejemplos de la humildad de Jesús en las historias de los Evangelios. A continuación, ofrezco algunos ejemplos sobresalientes que se me ocurren, pero estoy seguro que podríamos recordar muchos más.

a) La mujer samaritana

Cuando Jesús le habló a la mujer samaritana en Juan 4, lo hizo con una asombrosa humildad, aunque también fue directo y dijo la verdad. Cuando Jesús le dice que ella ha tenido cinco maridos, a menudo escuchamos sus palabras como un reproche, o como dando a entender que ella era una mujer promiscua y corrupta. Pero que ella aceptara que era cierto, no significa que era por causa de su propia infidelidad. El divorcio era prerrogativa del hombre en aquella cultura, por lo que ella pudo haber sido víctima de la explotación masculina, utilizada y desechada por cinco crueles hombres, y ahora estaba viviendo con otro hombre sin haberse casado. Realmente el pasaje no nos dice cuáles fueron las circunstancias que llevaron al fracaso de sus cinco matrimonios. Pero cualesquiera que hayan sido las razones, con humildad Jesús la llevó al punto de reconocer su mayor necesidad: el agua viva del Mesías de Dios y una relación correcta con Dios «en espíritu y en verdad» por medio de Jesús. El simple hecho de que Jesús conversaba con ella, y mucho menos de que lo hacía con humildad y respeto, dejó a todos los discípulos conmocionados.

b) La mujer sirofenicia

Aún menos admisible que la mujer samaritana era la mujer sirofenicia de Marcos 7.

> Jesús partió de allí y fue a la región de Tiro. Entró en una casa y no quería que nadie lo supiera, pero no pudo pasar inadvertido. De hecho, muy pronto se enteró de su llegada una mujer que tenía una niña poseída por un espíritu maligno, así que fue y se arrojó a sus pies. Esta mujer era extranjera, sirofenicia de nacimiento, y le rogaba que expulsara al demonio que tenía su hija (*Mr 7.24-26*).

No sabemos de antemano exactamente por qué Jesús fue a esa región de los gentiles, aunque para cuando termina la historia podemos suponer que fue precisamente para que alguien como aquella dama pudiera ser llevada a la fe y a la bendición del reino de Dios por medio de Jesús.

Al principio, por supuesto, la manera en que Jesús respondió a su pedido para sanar a su hija no suena muy amable que digamos: «Deja que primero se sacien los hijos —replica Jesús—, porque no está bien quitarles el pan a los hijos y echárselo a los perros» (v. 27).

Pero parte del problema es que solo podemos leer sus palabras; no podemos escuchar el tono de su voz o la mirada en sus ojos. Prefiero imaginar (tan solo imaginarme) que Jesús habló con aquel brillo en sus ojos que le comunicaba a la mujer algo como: «sabes que tengo que decir algo como esto, pues yo soy judío y tú gentil, pero ¿vas a contentarte con esta respuesta, o me vas a replicar?».

Y la mujer captó la indirecta y respondió con una genial pieza de lógica proverbial: «Sí, Señor —respondió la mujer—, pero hasta los perros comen debajo de la mesa las migajas que dejan los hijos» (v. 28). Lo que ella quiso decir es: «Incluso si, como dices, los judíos que están contigo aquí me consideran un perro gentil, ¿acaso no es cierto que los perros reciben los restos de la comida preparada para los niños? ¿Por qué entonces no puedo beneficiarme yo, una gentil, de lo que tú, el Mesías, hace por los judíos?

Y, obviamente, su atrevido y agudo ingenio en realidad encaja exactamente con todo el sentido teológico de las Escrituras del

Antiguo Testamento (aunque no estoy diciendo que ella lo hubiera sabido). Porque aquello es exactamente lo que Dios había prometido. Dios creó a Israel precisamente para beneficio del resto de las naciones. Bendición para Israel significaba bendición para las naciones del mundo. Para ese mismo propósito había venido Cristo. Sin conocer las Escrituras de Israel, esta mujer tuvo una intuición perfectamente precisa respecto al propósito de Dios para Israel y, por medio de Israel, para los gentiles.

Entonces, según mi opinión, las palabras aparentemente agudas de Jesús fueron parte de una delicada prueba para sacar a la relucir la fe de la mujer. Y tan pronto como Jesús reconoció su fe, respondió de inmediato según su solicitud. Ella volvió a su casa y descubrió que el demonio había dejado a su hija, y que ahora estaba acostada plácidamente en su cama.

c) El arresto, juicio y crucifixión de Jesús

La humildad de Jesús fue puesta a prueba con más severidad, claro está, en su arresto, juicio y crucifixión. Cuando fue arrestado, pudo haber convocado a doce legiones de ángeles para que lo protegieran, pero no lo hizo (Mt 26.53-54). Cuando enfrentó los juicios, ante la corte judía y luego la romana, podría haber respondido a cada acusación con refutaciones iracundas, pero permaneció mayormente en silencio (Mt 26.63). Cuando lo clavaron en la cruz, pudo haber emitido maldiciones contra sus enemigos (como hicieron Jeremías, algunos salmistas y algunos de los mártires macabeos). Pero no lo hizo; oró a su Padre para que los perdonara (Lc 23.34). Y en medio de su agonía en la cruz, pensó en las necesidades de su madre y la confió al cuidado de uno de sus discípulos (Jn 19.26-27).

Con razón Pedro más tarde vio en toda esa historia del juicio y la crucifixión de Jesús una representación de la respuesta del Siervo del Señor frente a sus verdugos, citando Isaías 53.

> Pero ¿cómo pueden ustedes atribuirse mérito alguno si soportan que los maltraten por hacer el mal? En cambio, si sufren por hacer el bien, eso merece elogio delante de Dios. Para esto fueron llamados, porque Cristo sufrió por ustedes, dándoles ejemplo para que sigan sus pasos.

«Él no cometió ningún pecado,
    ni hubo engaño en su boca».

Cuando proferían insultos contra él, no replicaba con insultos; cuando padecía, no amenazaba, sino que se entregaba a aquel que juzga con justicia (*1P 2:20-23*).

d) La restauración de Pedro

Y finalmente, después de la resurrección, podemos apreciar la dulce manera en que Jesús restauró a Pedro luego de su tremendo fracaso. Pedro había negado a Jesús tres veces, lo que debió haberle causado un dolor, una culpa y un remordimiento insoportables. Pedro probablemente pensó que sus días como el discípulo de confianza de Jesús y líder del equipo se habían acabado, sin esperanza de restauración. ¿Cómo podría volver a dar la cara ante Jesús? Pero, además, ¿cómo podría dar la cara ante los otros discípulos una vez que se enteraran de lo que había hecho?

¿Quedaban pendientes esas preguntas y acusaciones junto con el humo del fuego, durante ese desayuno junto al lago, cuando el Jesús resucitado preparó pan y pescado para los discípulos hambrientos (Jn 21)? Seguramente. ¿Y por qué Juan es el único de los evangelistas que nos cuenta la historia de lo que Jesús le dijo a Pedro aquella mañana? ¡Estoy convencido de que Juan registra este momento entre Jesús y Pedro porque él había estado allí cuando Pedro negó a Jesús!

Es Juan quien nos dice que la única razón por la que Pedro pudo ingresar al patio donde estaban juzgando a Jesús, era porque allí había «otro discípulo» que tenía amigos dentro que lo dejaron entrar. Seguramente aquel «otro discípulo» era el mismo Juan (Jn 18.15-16). Entonces Juan, increíblemente, habría escuchado a Pedro negar que era seguidor de Jesús. Juan habría escuchado a su amigo más cercano, con quien había compartido los momentos más íntimos con Jesús en los últimos tres años, gritar que ni siquiera conocía a aquel hombre. ¡Tres veces lo hizo! ¡Posiblemente incluso maldijo a Jesús![16]¿Cómo

---

[16] Nota del editor: En muchas Biblias, el pasaje tan solo dice que Pedro «comenzó a maldecir», sin aclarar el objeto (el verbo griego aparece en infinitivo). La NVI traduce con voz reflexiva, es decir, que Pedro «comenzó a echarse maldiciones». Una

podría Juan confiar en Pedro de nuevo? ¿Cómo pudo Pedro predicar o enseñar acerca de Jesús (con Juan de oyente) después de aquel evento?

Entonces, es Juan quien nos dice que *tres veces*, después del desayuno a orillas del lago, el Jesús resucitado le pregunta a Pedro: «¿Me amas?» (Jn 21.15-17). Aquel evento debe haber sido difícil, las tres preguntas obviamente recordaban las tres negaciones. Dolorosamente difícil, sí, pero también reconfortante.

Jesús no reprendió a Pedro ni lo avergonzó en presencia de los otros discípulos. De hecho, parece que Jesús no hizo estas preguntas en público. Juan registra que después de que Jesús le hizo las preguntas y que Pedro le respondió, Pedro se dio la vuelta y vio a Juan siguiéndolos y, podemos suponer, que había estado escuchando la conversación. En otras palabras, el diálogo probablemente sucedió cuando estaban caminando, no cuando estaban sentados alrededor del fuego con los demás. Al parecer, después de terminar el desayuno, Jesús y Pedro se alejaron del lago y hablaron en privado. Pero Juan los siguió y escuchó la conversación. Juan escuchó a Pedro decir tres veces, con angustia y arrepentimiento, pero con apasionada sinceridad, que verdaderamente amaba a Jesús. Y ello fue todo lo que Jesús necesitaba saber, y ello era todo lo que Juan necesitaba escuchar. Y probablemente es por ello que solamente Juan lo registra.

Así que Pedro el fracasado se convierte en Pedro el perdonado, gracias a la humildad de Jesús. Y basándonos en el Pedro que vemos en el libro de Hechos en el día de Pentecostés y después, aquella restauración fue efectiva. Pedro se convierte en un hombre lleno de humildad y modestia después de esa experiencia.

4. La humildad como estilo de vida cristiana

Así que, con toda esta enseñanza y ejemplo de Jesús, no es de sorprenderse que Pablo haya convertido la humildad y la modestia, de cualidades despreciadas en la cultura que lo rodeaba a evidencias claras de la obra del Espíritu de Jesús en nuestras vidas. Aquellas mismas

---

traducción fascinante es la que proviene de la NTV: «¡Que me caiga una maldición si les miento! ¡No conozco a ese hombre del que hablan!»

cualidades que el mundo *despreciaba*, Pablo las afirmó como las que nos hacen más *como Cristo*.

Pablo mismo las demostró. Tenía algunas cosas bastante duras que decirle a la iglesia de Corinto, pero comenzó de esta manera: «Por la ternura y la *bondad* de Cristo, yo, Pablo, apelo a ustedes personalmente» (2Co 10.1). Al leer el resto de ese capítulo, podríamos preguntarnos: «Si ese era Pablo siendo amable, ¿cómo habría sido cuándo estaba enojado?» Aun así, demuestra que Pablo no era un líder que le gustaba intimidar. Anhelaba ver relaciones restablecidas y la restauración espiritual, y veía que la humildad era la clave para lograr ese objetivo, comenzando con su propia humildad como ejemplo.

Luego, Pablo les dice a otros cristianos que sigan su ejemplo cuando vean que otros creyentes han fallado. «Hermanos, si alguien es sorprendido en pecado, ustedes que son espirituales deben restaurarlo *con una actitud humilde*. Pero cuídese cada uno, porque también puede ser tentado» (Gá 6.1).

¡Si esto tan solo fuera una práctica habitual en nuestras iglesias y organizaciones cristianas! Lamentablemente, cuando alguien comete una falla moral, es más probable que se le juzgue y margine, en lugar de que se le restaure *con una actitud humilde*. La disciplina ocupa un lugar adecuado en la iglesia (aunque a cualquier iglesia se le hace muy difícil y complicado llevarlo a la práctica). Pero cualquiera que sea la forma que tome esa disciplina, Pablo dice que debe ser puesta en práctica con humildad. Aquellos que están llenos del Espíritu (o que afirman estarlo), deben demostrar el fruto del Espíritu, que incluye la humildad con aquellos que han fallado moralmente, tal como lo hizo Jesús.

Pablo convierte esto en un mandamiento específico para aquellos que ocupan cargos en la iglesia, que es en donde más se necesita. «Y un siervo del Señor no debe andar peleando; más bien, debe ser amable con todos, capaz de enseñar y no propenso a irritarse. Así, humildemente, debe corregir a los adversarios, con la esperanza de que Dios les conceda el arrepentimiento para conocer la verdad» (2Ti 2.24-25).

¿Qué tan alejado de ello se encuentra el comportamiento de algunos líderes cristianos? ¿Y qué de los que escriben comentarios en los blogs de otras personas? Muy a menudo aquellos comentarios son beligerantes, crueles y amargados. Y si los pastores y líderes no dan ejemplo de humildad, ¿cómo podemos esperar que lo haga el resto del pueblo de Dios?

Pablo extiende su enseñanza y convierte a la humildad en un principio general que debe gobernar todas nuestras relaciones interpersonales. No es solo para los líderes. Esto es lo que Pablo le dice a Tito que le enseñe a su congregación: «Recuérdales a todos… a no hablar mal de nadie, sino a buscar la paz y ser respetuosos, *demostrando plena humildad en su trato con todo el mundo*» (Tit 3.2).

Lamentablemente, muchos de nosotros, incluyendo a algunos líderes cristianos reconocidos, necesitamos recordar esto. Cuando sacamos la cuenta, en nuestro país o cultura, respecto a los líderes cristianos más elocuentes y reconocidos, cuyos blogs se leen más y reciben muchos elogios, que publican más libros y tienen muchos seguidores, me pregunto si entre las virtudes que más destacan de ellos se encuentra la *humildad*.

Pedro, quien debió haber recordado a menudo la humildad con la que Jesús lo trató, nos dice que esta debe ser una cualidad importante respecto a la manera en que hablamos con las personas que aún no son cristianas, y quizás especialmente cuando se trate de personas de otras religiones. «Estén siempre preparados para responder a todo el que les pida razón de la esperanza que hay en ustedes. *Pero háganlo con gentileza y respeto…*» (1P 3.15-16).

Nuevamente, debemos preguntarnos: ¿concuerda esto con la manera en que los cristianos realizan la tarea de la evangelización? Y si pensamos en la manera en que los cristianos en nuestra cultura responden a las críticas o desafíos o persecución o burla, ¿podríamos afirmar que se comportan con humildad y respeto?

¿De dónde proviene esta clase de humildad?

Bueno, podríamos responder que es el fruto del Espíritu. Claro que lo es. Es el carácter de Jesús que habita en nosotros. Pero creo que en el diario vivir, la raíz más profunda de esta clase de humildad es una genuina modestia. Y por modestia me refiero a aquella profunda conciencia de que soy tan humano, imperfecto y sufro de tentaciones como cualquier otra persona. Realmente no tengo ninguna razón para sentirme superior y ser beligerante cuando otras personas muestran sus defectos y fallas. No si conozco mi propio corazón.

Entonces, cuando otra persona comete un error, o deja caer algo, o pierde las llaves, u olvida hacer lo que prometió, o arruina algo, es decir, cosas que nos pasan a todos en algún momento de la vida, en aquel momento trato de no perder los estribos y enfurecerme, trato de no acusar y enojarme con ellos. ¡No! Trato de controlar esa respuesta instintiva, porque recuerdo (a menudo justo a tiempo), que pude haber cometido el mismo error. Y si hubiera sido yo, ¿cómo habría querido que otros reaccionaran frente a mi distracción, mi debilidad o mis errores?

La humildad se hace más fácil cuando realmente nos conocemos a nosotros mismos, cuando realmente conocemos a aquella persona débil y defectuosa que vive dentro del caparazón que llevamos por fuera. Entonces, desde ese pozo profundo del autoconocimiento y la gratitud por la gracia de Dios que nos ha rescatado de nuestro propio pecado y fracaso, surge la *humildad ante Dios y la modestia hacia los demás.*

Si Dios ha sido dulce y misericordioso conmigo, y si quisiera que otras personas lo sean conmigo cuando me equivoco, entonces debo orar para comportarme así con los demás. Como pecador perdonado, deseo dar la bienvenida a otros a la comunidad de los perdonados. Oremos para que el fruto del Espíritu madure en nuestras vidas y relaciones con los demás.

Preguntas para la reflexión personal o en grupo

1) *¿Qué otros ejemplos de la humildad de Jesús puesta en acción podrías agregar a los descritos en este capítulo?*

____

____

____

2) *¿Cuáles son las razones por las que las personas a menudo no son amables con los demás? ¿Cuándo te resulta personalmente más difícil poner en práctica la humildad, y por qué?*

____

____

____

3) *Si una de las razones es que muchas culturas esperan que las personas en puestos de autoridad y liderazgo sean dominantes y firmes (no humildes y modestas), ¿Cómo pueden los líderes cristianos aprender a ejercer su liderazgo con humildad y modestia? Si esto te parece problemático, ¿cómo deberías orar y predicar al respecto?*

____

____

____

____

____

4) *La humildad de Dios se describe usando las metáforas de un pastor y un padre cariñoso. ¿Cómo pueden ayudar estas imágenes a entender lo que significa ejercer humildad en nuestras propias vidas y que reflejen la humildad de Dios?*

____

____

____

____

____

Capítulo 9

El dominio propio

Hemos llegado al último fruto del Espíritu en la lista de Pablo, el dominio propio. Esta frase nos echa en cara aquella horrible lista de «las obras de la naturaleza pecaminosa» que aparece inmediatamente antes del fruto del Espíritu.

> Las obras de la naturaleza pecaminosa se conocen bien: inmoralidad sexual, impureza y libertinaje; idolatría y brujería; odio, discordia, celos, arrebatos de ira, rivalidades, disensiones, sectarismos y envidia; borracheras, orgías, y otras cosas parecidas. Les advierto ahora, como antes lo hice, que los que practican tales cosas no heredarán el reino de Dios (*Gá 5.19-21*).

Muchas de las conductas que Pablo enumera, revelan una naturaleza humana *fuera de control* y en su forma más excesiva y pecaminosa. Esta clase de vida descontrolada permite a las personas ceder a la autocomplacencia, la satisfacción sexual, el orgullo, la gula, etc. El dominio propio es lo contrario a esta clase de comportamientos pecaminosos.

Probablemente esta sea la razón por la que el dominio propio es el único fruto del Espíritu para el cual no tenemos una cualidad equivalente de parte de Dios. Porque Dios no necesita ejercer dominio propio sobre ninguna tendencia pecaminosa dentro de sí mismo. Dios no tiene que controlar sus malos deseos. «Dios es luz y en él no hay ninguna oscuridad» (1Jn 1.5). El mal no tienta a Dios en lo absoluto. Entonces, en este sentido (del dominio propio sobre los malos deseos), no se trata de una cualidad de Dios.

Hasta ahora hemos considerado todos los otros asuntos de la lista de Pablo respecto al fruto del Espíritu y hemos visto cómo cada uno refleja algo de Dios. Podemos pensar rápidamente respecto a lo que la Biblia enseña sobre el amor de Dios, la alegría del Señor, la paz de Dios, así como la paciencia, bondad, amabilidad de Dios, fidelidad y humildad. Pero cuando llegamos a este último asunto, el dominio propio, tenemos que reconocer que es algo que *nosotros* necesitamos, no algo que *Dios* tiene que ejercitar.

¿Por qué entonces aparece en la lista del fruto del Espíritu? Seguramente porque una de las cosas que el Espíritu Santo realiza en nuestro ser interior es habilitarnos y facultarnos para controlar nuestros deseos pecaminosos. Ello no significa que, en esta vida terrenal, alcanzaremos la perfección y que jamás caeremos ni fallaremos. No, pero lo que sí significa es que recordamos, como nos enseñó Pablo, que nuestros cuerpos son templos del Espíritu Santo, y por ello le pedimos al Espíritu Santo, que mora en nosotros, que nos controle para que aprendamos a controlarnos a nosotros mismos. En la conclusión veremos cómo Pablo explica más a fondo lo que quiere decir con «andemos guiados por el Espíritu» (Gá 5.25).

Hay una lista similar a la que Pablo nos ofrece respecto al fruto del Espíritu en los primeros versículos de 2 Pedro. Allí, el dominio propio es una de las cualidades que debemos esforzarnos por añadir a nuestra fe, en respuesta al poder divino y a las promesas de Dios, a medida que crecemos en madurez y efectividad en nuestra relación con Cristo.

> Precisamente por eso, esfuércense por añadir a su fe, virtud; a su virtud, entendimiento; al entendimiento, dominio propio; al dominio propio, constancia; a la constancia, devoción a Dios; a la devoción a Dios, afecto fraternal; y al afecto fraternal, amor. Porque estas cualidades, si abundan en ustedes, los harán crecer en el conocimiento de nuestro Señor Jesucristo, y evitarán que sean inútiles e improductivos. En cambio, el que no las tiene es tan corto de vista que ya ni ve, y se olvida de que ha sido limpiado de sus antiguos pecados. (*2P 1.5-9*)

Anteriormente, vimos que Aristóteles no tenía una opinión muy positiva respecto a la humildad, y que aquella otra cualidad muy próxima a esta, es decir, la modestia, no era considerada una virtud en lo absoluto en aquel mundo grecorromano. Sin embargo, en su extenso escrito sobre virtudes y ética, Aristóteles sí elogió el dominio propio (usando la misma palabra que Pablo usó en Gá 5.23). Para Aristóteles, esta palabra significaba la capacidad de tener pasiones intensas, pero también de mantenerlas bajo control. La persona virtuosa es capaz de pensar y sentir las cosas con intensidad, y tener pasiones genuinas. Pero la virtud radica en saber mantener el control sobre ellas, de modo que toda la energía de las pasiones sirva a buenos fines y no conduzca a resultados egoístas y destructivos.

Aristóteles probablemente habría estado de acuerdo con el mensaje de un gran letrero que vi una vez en una carretera en Uganda. Era un anuncio de neumáticos. Había una llamativa (y algo amenazante) imagen de un enorme puño negro saliendo del anuncio, nudillos hacia abajo, casi tridimensional. Pero abajo del anuncio, los nudillos del puño se convertían en cuatro grandes neumáticos negros, del tipo que uno ve en los camiones gigantes en las autopistas. El mensaje debajo de la imagen decía: «*La potencia no es nada sin control*». Podemos tener grandes cantidades de potencia y energía que surgen del motor del camión. Pero esta potencia tiene que estar bajo control si queremos mantenernos fuera de peligro. Para que estemos seguros, esta potencia tiene que ser controlada.

Y Pablo habría estado de acuerdo con Aristóteles. Es verdad que tenemos instintos y pasiones muy intensas que necesitamos mantener bajo control. Pero ya que algunas de nuestras pasiones son parte de nuestra naturaleza caída y pecaminosa, ¿cómo podemos controlarlas? No tenemos la habilidad dentro de nosotros mismos para hacerlo, con nuestras propias fuerzas, de manera exitosa. Podemos tratar de tener dominio propio, como aconsejó Aristóteles. Pero Aristóteles no tomó en cuenta la naturaleza del pecado.

El pecado posee un poder propio que opera contra nuestras mejores intenciones, y muy rápidamente se sale de control y nos arrastra consigo. Pablo, por el contrario, conocía muy bien el poder del pecado y la carne, y sabía que el único poder suficiente para mantenerlo bajo control es el Espíritu Santo. Por ello agrega esta última porción del fruto del Espíritu. Parte de la obra del Espíritu Santo dentro de nosotros es la manera en que nos permite mantener bajo control los deseos e impulsos pecaminosos que todavía están dentro de nosotros. El dominio propio implica un esfuerzo de parte de la voluntad, pero es un esfuerzo que el Espíritu de Dios inspira y fortalece a medida que su voluntad da fruto en nuestra voluntad.

Probablemente lo principal (pero ciertamente no lo único) que Pablo tiene en mente con respecto a lo que necesitamos controlar son nuestros deseos sexuales. Ciertamente, su lista de «las obras de la carne» comienza con la inmoralidad sexual, y en varios otros lugares Pablo lo incluye entre sus listas de conductas pecaminosas que los cristianos deben dejar de lado por completo (p. ej., 1Co 5.9-11; Ef 5.3-7; Col 3.5-10).

Si pudiéramos pedirle a Pablo ejemplos de las Escrituras, creo que él mencionaría la historia de José, que fue puesto a cargo de todos los asuntos de su patrón, Potifar, en Egipto. Aunque técnicamente era un esclavo, José logró ascender al protagonismo y el éxito. Había llegado a un punto donde muchos hombres en su posición se sentían libres de darse ciertas libertades sexuales como debida recompensa. Y aquella tentación le llegó, no con una esclava, sino con la esposa de Potifar.

> José tenía muy buen físico y era muy atractivo. Después de algún tiempo, la esposa de su patrón empezó a echarle el ojo y le propuso:
>
> —Acuéstate conmigo.
>
> Pero José no quiso saber nada, sino que le contestó:
>
> —Mire, señora: mi patrón ya no tiene que preocuparse de nada en la casa, porque todo me lo ha confiado a mí. En esta casa no hay nadie más importante que yo. Mi patrón no me ha negado nada, excepto meterme con usted, que es su esposa. ¿Cómo podría yo cometer tal maldad y pecar así contra Dios?
>
> Y por más que ella lo acosaba día tras día para que se acostara con ella y le hiciera compañía, José se mantuvo firme en su rechazo.
>
> Un día, en un momento en que todo el personal de servicio se encontraba ausente, José entró en la casa para cumplir con sus responsabilidades. Entonces la mujer

> de Potifar lo agarró del manto y le rogó: «¡Acuéstate conmigo!» Pero José, dejando el manto en manos de ella, salió corriendo de la casa (*Gn 39.6-12*).

En esa pequeña historia podemos ver no solo el dominio propio de José, sino también las poderosas razones que él da de su accionar. La primera es que no estaba dispuesto a deshacer la confianza de su patrón (ello también podría ser un ejemplo de fidelidad). Pero aún más importante, no estaba dispuesto a pecar contra Dios. Ahora bien, el autor de Génesis nos dice varias veces que Dios estuvo con José en todos los altibajos de su vida. Entonces, incluso podríamos sugerir que José demostraba el fruto del Espíritu, ya que su dominio propio no era solo cuestión de su propia fuerza, sino que estaba consciente de la presencia de Dios en su vida.

Como ejemplo opuesto, podríamos pensar en una historia mucho más larga y triste, la historia de David. Su falta de dominio propio, después de ver a Betsabé que se bañaba, lo condujo no solo al adulterio, sino también a un fango cada vez más profundo de engaño y asesinato. Y aunque se arrepintió y experimentó el perdón de Dios, su pérdida de dominio propio significó también la pérdida de control moral sobre su propia familia, especialmente dos de sus hijos, Amnón y Absalón, quienes amplificaron los pecados sexuales de su padre y eventualmente se autodestruyeron (todo este triste relato se encuentra en 2S 11-17).

La tentación en torno a actividades sexuales y relaciones fuera del buen contexto que Dios ha proporcionado para ello (el matrimonio) sigue siendo un enemigo muy fuerte y poderoso para cualquiera de nosotros, a cualquier edad. Necesitamos reconocer lo peligroso que es este enemigo, ya sea en la vida real o en el mundo de nuestros pensamientos e imaginación, por medio de la pornografía. Por supuesto que la tentación sexual se dirige tanto a hombres como a mujeres, pero parece haber pocas dudas de que es particularmente intenso en los hombres (y como hombre me es permitido decir eso, porque sé que es cierto).

El nivel de sufrimiento humano causado por aquella lujuria incontrolada y anarquía sexual masculina supera la imaginación. Un sinnúmero de mujeres, niñas y niños de todo el mundo sufren a manos de violadores, proxenetas, traficantes de sexo, pedófilos, abusadores, maridos violentos y adúlteros comunes y corrientes. Estos asuntos también estaban presentes en los tiempos de Pablo, aunque quizás no a la escala que hemos llegado a presenciar en el mundo moderno. Pablo adopta una postura fuertemente contracultural cuando les dice a los cristianos que jamás se involucren en tales prácticas. Y la única forma de cumplir con ello es por medio del dominio propio potenciado por el Espíritu.

Los que ocupamos algún cargo de liderazgo cristiano, pastores, misioneros, pastores de jóvenes o profesores de teología, necesitamos obedecer las enseñanzas de Pablo más que la mayoría. Por alguna razón, con una frecuencia deprimente, el maligno logra seducir precisamente a aquellas personas al pecado sexual, y a veces arrastra la destrucción a cualquier ministerio que Dios les haya confiado. Claro que hay gracia y perdón cuando hay arrepentimiento genuino; conocemos el poder purificador de la sangre de Cristo y la asombrosa verdad redentora y restauradora del evangelio. Pero el daño cometido puede ser irreversible a nivel humano, y el daño hecho al nombre de Cristo en el mundo es doloroso para Dios y una vergüenza para la iglesia. Y tan a menudo, tristemente tan a menudo, los peores escándalos comienzan con una pérdida momentánea de dominio propio. O con el fracaso, lento y repetido, en ejercer dominio propio sobre los ojos y la imaginación, hasta que aquel acto codiciable pero impensable se convierte en posibilidad y luego en realidad.

Pero quizás hemos llegado a un lugar en nuestras vidas donde pensamos que tenemos esa forma particular de tentación (la inmoralidad sexual) bajo control. Tal vez nuestras circunstancias de la vida y el ministerio hacen que sea poco probable que tengamos oportunidades para caer en pecado sexual. Bueno, aparte de la advertencia, «Por lo tanto, si alguien piensa que está firme, tenga cuidado de no caer» (1Co 10.12). La lista de Pablo nos recuerda que «la carne», nuestra naturaleza humana caída, tiene muchos otros deseos y tendencias, malos hábitos, trampas y tentaciones, en los que podemos caer si no ejercitamos el dominio propio con la ayuda del Espíritu. Observen, una vez más, la lista que aparece al inicio de este capítulo.

Pablo empieza la lista con la *inmoralidad sexual* y la termina con *orgías*. Tal vez ni te imaginas si quiera donde podría uno encontrar una orgía, y ni hablar de tener la energía para unirse a una. Pero ¿tienes tu *temperamento* bajo control? La lista de Pablo incluye *arrebatos de ira*. Conozco líderes cristianos ya mayores que tiene fama de enojarse mucho con los demás, que tratan a su personal a gritos, etc. ¿Dónde está su dominio propio en esos momentos?

¿Y qué ocurre con tu *apetito*? ¿Está bajo control? Todos podemos disfrutar de la buena comida que Dios ha provisto como una bendición para que la recibamos con agradecimiento. Pero la *borrachera* y la *gula* están entre los pecados que la Biblia condena.

¿Estás en control de tus *actitudes* hacia los demás? Cuándo a los demás les va bien u obtienen lo que a ti te gustaría tener, ¿puedes controlar tus *celos, envidia* y *ambición egoísta*?

¿Estás en control de tu *tiempo* (en la medida de lo posible), o lo desperdicias mucho por pereza o falta de autodisciplina?

Y quizás la parte más difícil sobre la cual ejercer el dominio propio: tu *lengua*. Pablo no la menciona específicamente aquí (si bien es parte de las *rivalidades* y las *disensiones*), pero ciertamente habría estado de acuerdo con la manera en que Santiago enfatiza el daño que puede causar la lengua y la necesidad de controlarla con firmeza.

> Cuando ponemos freno en la boca de los caballos para que nos obedezcan, podemos controlar todo el animal. Fíjense también en los barcos. A pesar de ser tan grandes y de ser impulsados por fuertes vientos, se gobiernan por un pequeño timón a voluntad del piloto. Así también la lengua es un miembro muy pequeño del cuerpo, pero hace alarde de grandes hazañas. ¡Imagínense qué gran bosque se incendia con tan pequeña chispa! También la lengua es un fuego, un mundo de maldad. Siendo uno de nuestros órganos, contamina todo el cuerpo y, encendida por el infierno, prende a su vez fuego a todo el curso de la vida.
>
> El ser humano sabe domar y, en efecto, ha domado toda clase de fieras, de aves, de reptiles y de bestias marinas; pero nadie puede domar la lengua. Es un mal irrefrenable, lleno de veneno mortal.
>
> Con la lengua bendecimos a nuestro Señor y Padre, y con ella maldecimos a las personas, creadas a imagen de Dios. De una misma boca salen bendición y maldición. Hermanos míos, esto no debe ser así (*Stg 3.3-10*).

«Esto no debe ser así», dice Santiago. Pero, lamentablemente, a menudo lo es. La falta de dominio propio en el uso de nuestra lengua causa mucho daño en la comunidad cristiana. Y ello puede aplicarse no solo a lo que decimos con nuestras bocas, sino también a lo que escribimos en correos electrónicos, blogs o comentarios. A veces el lenguaje que algunos cristianos usan entre sí es sencillamente vergonzoso. La evidencia del fruto del Espíritu en el dominio propio de la lengua es algo sumamente necesario en el mundo de la comunicación cristiana.

Ya que hablar y escribir están entre las actividades que practican los líderes cristianos, no es de sorprenderse que Pablo enfatice el domino propio como un criterio esencial para aquellos.

> El obispo tiene a su cargo la obra de Dios, y por lo tanto debe ser intachable: no arrogante, ni iracundo, ni borracho, ni violento, ni codicioso de ganancias mal habidas. Al contrario, debe ser hospitalario, amigo del bien, sensato, justo, santo y disciplinado (*Tit 1.7-8*).

Al fin y al cabo, si alguien no puede controlarse a sí mismo, a sus propias palabras, a sus acciones, ¿cómo se puede esperar que ejerza alguna clase adecuada y correcta de «control» en la iglesia?

Y por si acaso, aquellos que somos mayores, suponemos que solamente los jóvenes necesitan ejercer dominio propio, leamos cuidadosamente Tito 2.2-8 y prestemos atención a cuántas veces y a qué grupo de personas Pablo habla sobre el dominio propio.[17]

> A los ancianos, enséñales que sean moderados, respetables, sensatos, e íntegros en la fe, en el amor y en la constancia.
>
> A las ancianas, enséñales que sean reverentes en su conducta, y no calumniadoras ni adictas al mucho vino. Deben enseñar lo bueno y aconsejar a las jóvenes a amar a sus esposos y a sus hijos, a ser sensatas y puras, cuidadosas del hogar, bondadosas y sumisas a sus esposos, para que no se hable mal de la palabra de Dios.

---

[17] Nota del editor: El término griego que Pablo usa en su carta a Tito, que la NVI traduce como «sensatos» *(sofron)*, es distinto al término que aparece al final de la lista del fruto del Espíritu *(enkrateia)*, pero ambos términos son muy parecidos en torno a la idea de ejercer control de uno mismo.

> A los jóvenes, exhórtalos a ser sensatos. Con tus buenas obras, dales tú mismo ejemplo en todo. Cuando enseñes, hazlo con integridad y seriedad, y con un mensaje sano e intachable. Así se avergonzará cualquiera que se oponga, pues no podrá decir nada malo de nosotros (*Tit 2.2-8*).

Pablo no cree que el dominio propio sea algo que solo los jóvenes necesitan específicamente. Al contrario, con buen criterio nos dice que es algo que se debe enseñar a *todas las edades,* jóvenes y ancianos, hombres y mujeres. Es un asunto para toda la iglesia, así como todos los demás aspectos del fruto del Espíritu.

Así que Pablo ha terminado el recorrido en torno al fruto del Espíritu. Comenzó con el amor, que es una cualidad que dirige nuestros pensamientos y acciones hacia afuera, hacia los demás. Y ha finalizado con el dominio propio, que es una cualidad que dirige nuestros pensamientos y acciones hacia adentro, hacia nosotros mismos, por nuestro propio bien y el de los demás. Y es probable que Pablo tenga en mente que, a menos que ejercitemos esta práctica, algo negativa pero necesaria, de dominio propio y disciplina (la disciplina que ofrece el Espíritu Santo) posiblemente no produciremos el resto del fruto del Espíritu.

Preguntas para la reflexión personal o en grupo

1) *¿Cuáles son las maneras típicas que evidencian la falta de dominio propio en tu cultura? ¿De qué maneras los cristianos también son tentados por aquellas mismas tendencias?*

---

2) *¿Dónde, en tu propia vida, ves la necesidad de un mayor dominio propio? ¿Qué pasos tomarás, espiritualmente y en la práctica, para cultivar esta parte del fruto del Espíritu?*

---

3) *Si eres pastor, piensa en maneras prácticas (ya sea en tus sermones, enseñanzas o tu propia vida) en las que podrías cumplir con lo que Pablo le dice a Tito en el pasaje anterior (Tit 2:2-8).*

____

____

____

____

____

____

Conclusión

Así llegamos al final de nuestro estudio sobre las maravillosas cualidades en la lista de Pablo respecto al fruto del Espíritu. Comenzamos, en la introducción, recordando que Dios anhela que cada creyente cristiano llegue a ser cada vez más como Jesús. Y una de las formas clave que nos lleva hacia ese tipo de semejanza con Cristo es cultivando el fruto del Espíritu.

Leímos que John Stott rogaba a Dios todos los días para que el fruto del Espíritu madurara en su vida. Y a medida que Dios fue respondiendo a aquella oración, la vida y el carácter de John inconscientemente modelaron a Cristo entre todos los que lo conocieron. La gran ambición de John Stott, que dio forma a la visión de la Sociedad Langham que él fundó, fue que los cristianos y las iglesias alrededor del mundo fueran transformados y que maduraran y se parecieran más a Cristo, para llegar a ser más efectivos en su misión en el mundo.

John Stott insistió en que la madurez espiritual y la semejanza con Cristo no solo son el fruto del Espíritu, sino también el fruto de la Palabra de Dios, a medida en que se arraiga cada vez más en nuestras vidas. De hecho, ya que el Espíritu Santo inspiró las Escrituras, es muy natural que utilice las Escrituras para producir vida y madurez, el fruto que quiere ver en nosotros.

Entonces, el mensaje final de este libro debe ser: regresemos al estudio diario de la Biblia, y a la predicación fiel de la Palabra si ello es nuestro llamado. Y eso es lo que debemos hacer en este momento ya que estamos a punto de concluir. Porque no debemos separar los dos versículos en los que Pablo enumera el fruto del Espíritu del resto de su contexto.

En la introducción exploramos los antecedentes y el contexto de la carta de Pablo a los creyentes en Galacia. Ahora, en nuestra conclusión, debemos regresar a nuestro pasaje y observar tres cosas que Pablo menciona inmediatamente después de su lista del fruto del Espíritu. Aquí están los versículos clave nuevamente:

> En cambio, el fruto del Espíritu es amor, alegría, paz, paciencia, amabilidad, bondad, fidelidad, humildad y dominio propio. No hay ley que condene estas cosas. Los que son de Cristo Jesús han crucificado la naturaleza pecaminosa, con sus pasiones y deseos. Si el Espíritu nos da vida, andemos guiados por el Espíritu (*Gá 5.22-25*).

1. No hay ley que condene estas cosas (v. 23)

Esta declaración que aparece al final de la lista de Pablo parece muy extraña. Podríamos querer exclamar: «¡Bueno, por supuesto que no! ¡Nadie dictaría una ley en contra de la amabilidad! ¡No hay leyes que prohíban el amor, la alegría y la paz!». Entonces, ¿a qué se refiere Pablo? ¿Está simplemente diciendo algo obvio, algo con lo que nadie estaría en desacuerdo?

Es muy probable que Pablo haya citado un dicho proverbial que se remonta a Aristóteles (quien, como hemos mencionado varias veces, escribió extensamente sobre la moral y las virtudes). En uno de sus escritos, después de haber comentado una lista de las distintas cualidades de un hombre virtuoso, Aristóteles escribió exactamente aquellas palabras griegas que Pablo utiliza aquí (razón por la cual los estudiosos creen que Pablo cita deliberadamente a Aristóteles, como si fuera un proverbio). Y muchos comentaristas piensan que la palabra que en nuestras Biblias se traduce como «no hay» (la palabra griega *kata*) sería mejor traducida como «con respecto a» o «en relación con».

En otras palabras, lo que Pablo (y Aristóteles) quisieron decir es algo como esto: «Con respecto a estas cosas, no hay ley». Es decir, estas cualidades son virtudes del carácter; no se puede legislar para lograr que las personas se comporten así. Las personas harán estas cosas por lo que son como personas, no porque haya leyes que les obliguen a hacerlo. La ley realmente no es pertinente aquí.

Así que Pablo, en su compleja discusión acerca de la ley (de Moisés) y el Espíritu, está diciendo en efecto, «Aquí hay algunas cualidades que el Espíritu Santo producirá como fruto en sus vidas mientras viva en ustedes. Estas cosas no se legislan. Este tipo de vida no es cuestión de leyes. Este tipo de carácter a semejanza de Cristo no sucede porque uno se somete a la *ley*, sino porque uno se somete a *Cristo* por fe y vive su vida bajo el poder y la guía de su *Espíritu*».

Entonces, como dijimos al principio, el fruto del Espíritu es cuestión del *carácter*. El tipo de actitudes y comportamientos que Pablo incluye en su lista no nace de reglas que debemos cumplir, sino del tipo de *personas que somos.* O para ser más específicos, este tipo de vida fluye a partir de la *persona en quien nos estamos convirtiendo,* en cuanto nos vamos pareciendo cada vez más a Cristo. O para ser aún más específicos, ese tipo de comportamiento fluye de la *persona quien vive en nosotros,* a medida que Cristo se va formando en nosotros (Gá 4.19), y el Espíritu de Dios produce su fruto en nuestras vidas.

Y aquel punto (que esto es cuestión del carácter, y no de seguir una lista de reglas), es la razón por la cual la palabra «fruto» es singular. Pablo nombra nueve asuntos. Pero todos están agrupados bajo un solo fruto. Quizá deberíamos pensar en ellos como los gajos de una naranja, más que como un racimo de uvas. Estas nueve cualidades no son un menú del cual podemos seleccionar algunas e ignorar otras. No es una casilla de verificación, donde colocamos un visto bueno sobre los que hemos cumplido e ignoramos los demás que no hemos podido cumplir, como si alguien pudiera decir:

> «Bueno, admito que pierdo los estribos un poco, pero oye, ¡soy muy alegre!» o,
> «De acuerdo, a veces me comporto un tanto áspero y cortante con la gente, pero la verdad es que soy bastante confiable».

No, el fruto del Espíritu es un paquete completo del carácter. El fruto del Espíritu no es como los dones del Espíritu, que se distribuyen entre el pueblo de Dios, algunos a ciertas personas, otros a otras personas, todos dentro del cuerpo de Cristo (1Co 12.4-11). El fruto del Espíritu crece como un todo en la vida cristiana, con unidad, integridad y equilibrio. Todas las partes del fruto trabajan juntas y se fortalecen mutuamente.

Y así, finalmente, para completar su hermosa declaración sobre el fruto del Espíritu, y como conclusión de todo su argumento en este capítulo, Pablo nos ofrece una instrucción *negativa* en el versículo 24 y una *positiva* en el versículo 25.

2. Debemos decir no a la naturaleza pecaminosa (v. 24)

«Los que son de Cristo Jesús han crucificado la naturaleza pecaminosa, con sus pasiones y deseos».

Se trata de una manera de expresarse muy fuerte. También es tajante. Pablo escribe en tiempo pasado, «han crucificado». No es tanto una instrucción, sino más bien una declaración de la realidad. Pablo nos dice: «A esto es a lo que se han suscrito cuando dieron sus vidas a Cristo. ¡Han muerto! O, mejor dicho, han crucificado su naturaleza pecaminosa, la carne».

Ahora bien, por supuesto que Pablo no quiso decir que ya no tenemos ningún tipo de deseo pecaminoso o que nunca más pecaremos. Ese tipo de perfección sin pecado no es lo que el Nuevo Testamento enseña respecto a nuestra vida presente. Somos pecadores salvos por gracia, pero aún vivimos en este mundo, rodeados de tentaciones, a veces caemos y fallamos, pero aprendemos y crecemos constantemente. Anhelamos ser completamente liberados del pecado y la tentación, lo cual se cumplirá cuando vivamos con Cristo en la nueva creación.

Sin embargo, cada día tenemos que ejercer nuestra voluntad y decisión. Aquel hecho pasado y determinante, «han crucificado la naturaleza pecaminosa», tiene que convertirse en un acto de la voluntad diario y en el presente. Claro que debemos añadir inmediatamente que esto también es un asunto de la gracia y la gratitud. No tiene nada que ver con el legalismo o con ganarse el favor de Dios por medio de nuestro comportamiento. Esta manera de pensar es totalmente contraria a lo que Pablo enseña.

Efectivamente, todo es cuestión de gracia. Pero, como señala Pablo en otro lugar, la gracia que nos *salva* es también la gracia que nos *enseña*. Luego de haber recibido la salvación por gracia, debemos vivir por gracia de una forma tal que *excluya* ciertos tipos de comportamiento. Pablo expresa este doble punto así:

> En verdad, Dios ha manifestado a toda la humanidad su gracia, la cual trae salvación y nos enseña a rechazar la impiedad y las pasiones mundanas. Así podremos vivir en este mundo con justicia, piedad y dominio propio, mientras aguardamos la bendita esperanza, es decir, la gloriosa venida de nuestro gran Dios y Salvador Jesucristo. Él se entregó por nosotros para rescatarnos de toda maldad y purificar para sí un pueblo elegido, dedicado a hacer el bien (*Tit 2.11-14*).

Los buenos padres y maestros saben que deben enseñar a los niños a decir «no» a algunas cosas dañinas y peligrosas. Y ello es lo que la gracia amorosa de Dios hace. Una vez que Dios nos ha *salvado* por su gracia, Dios nos *enseña* con su gracia.

Entonces, para expresarlo de manera personal: como hombre en Cristo, salvo por gracia y educado con gracia, tengo que resolver el significado de decir «no» a la impiedad y a las pasiones mundanas. Debo tener bien claro que:

- Hay lugares a los que no debo ir
- Hay cosas que no debo mirar
- Hay relaciones con las que no debo juguetear
- Hay palabras que no debo permitir que salgan de mi boca
- Hay conversaciones en las que no debo participar o permitir
- Hay sentimientos que debo rechazar y suprimir
- Hay deseos a lo que no debo ceder
- Hay actitudes con respecto a otros que no debo retener
- … y así sucesivamente.

Esto no significa que me retiro del mundo para dedicarme a una vida ermitaña y ascética. Tampoco significa que debo hundirme en una forma de vida negativa y legalista en la que reglas lo restringen todo. Simplemente significa que reconozco que Cristo nos ha llamado a un ejercicio alegre y liberador de dominio propio. Porque nos encontramos en una batalla espiritual, y cuando nuestra naturaleza humana pecaminosa se sienta y quiere tomar el mando de nuestras vidas, debemos darle una bofetada bastante brusca. Hay que crucificarla, como dice Pablo.

Pero, como dijo Juan Calvino en su comentario sobre estos versículos, «la muerte de la carne es la vida del Espíritu». Así que debemos proseguir a la conclusión muy positiva de Pablo. Ya ha dicho que la ley no debe gobernarnos, ni tampoco nuestra propia naturaleza pecaminosa (la carne). En cambio,

3. Debemos decir sí al Espíritu (v. 25)

«Si el Espíritu nos da vida, andemos guiados por el Espíritu».

Esta oración es muy típica de la manera en que Pablo escribe. Combina una declaración y luego un mandamiento. Nos dice una verdad respecto a nosotros mismos y luego nos dice la inferencia, la manera en que deberíamos responder frente a ello.

También muestra un hermoso equilibrio como un eje en torno a la palabra «Espíritu». El orden de las palabras en griego es:

«Si vivimos por el Espíritu, al Espíritu ciñámonos».

Comienza con un hecho. «El Espíritu nos da vida». Eso significa que estamos espiritualmente vivos porque Dios nos ha dado nueva vida por medio de su Espíritu. Todo comienza cuando nacemos de nuevo por la fe en Jesucristo. En aquel momento, Dios toma residencia en nuestras vidas por medio de la presencia de su Espíritu Santo, que es, por supuesto, la presencia del propio Señor Jesucristo.

Pablo ya ha enfatizado esta dimensión de nuestra experiencia cristiana anteriormente en la carta. «He sido crucificado con Cristo, y ya no vivo yo, sino que Cristo vive en mí. Lo que ahora vivo en el cuerpo, lo vivo por la fe en el Hijo de Dios, quien me amó y dio su vida por mí» (Gá 2.20).

Y los gálatas, quienes llegaron a tener la misma experiencia gracias a la predicación de Pablo, habían como dice Pablo «comenzado con el Espíritu» (3.3), es decir, sabían que era el Espíritu de Dios quien les había dado nueva vida en Cristo y los había bendecido por pertenecer al pueblo de Dios como hijos de Abraham.

Entonces, siendo ese el caso, «si vivimos por el Espíritu, ciñámonos a la dirección del Espíritu».

Aquí Pablo utiliza una metáfora vigorosa. No usa la palabra más común para caminar, sino una que se relaciona con los ejercicios militares y con la marcha de un ejército hacia la batalla. Se entrenaba a los soldados para que pudieran mantener el paso unos con otros, para mantenerse en línea y para enfrentar al enemigo con fuerza unida, «hombro con hombro» podríamos decir.

Cuando era niño pertenecí a una de las muchas compañías de «Boys' Brigade» en Belfast (todos pensábamos que éramos la mejor, la 34ª de Belfast). Recuerdo muy bien las sesiones semanales de marcha. Era muy importante escuchar las órdenes del oficial y seguirlas al instante sin romper el paso. Pablo está pensando en algo así. Si el Espíritu ordena «media vuelta» no hay que marchar hacia adelante. Si el Espíritu dice «izquierda», no hay que girar hacia la derecha. Cuando salíamos a desfilar por las calles de Belfast, me encantaba marchar detrás de la banda de nuestra compañía, justo detrás del baterista con el tambor más grande (¡lo envidiaba!). Era muy importante para los muchachos que estábamos desfilando seguir el ritmo de la banda. En otras palabras, si uno seguía a la banda, ¡tenía que seguirle el paso a la banda! De nuevo, aquel es el tipo de imagen que Pablo tiene en mente aquí. Hay que escuchar la música y el ritmo del Espíritu, por medo de la enseñanza de la Palabra de Dios, y seguir el paso.

Ahora, todos somos conscientes de que a veces el papel del Espíritu Santo en la vida de la iglesia puede ser controversial. Lamentablemente, las personas caen en divisiones y hostilidades en torno a lo que consideran que significa ser «guiado por el Espíritu», o cómo ven el ejercicio de los dones del Espíritu en los cultos y el ministerio. Es una lástima, porque deberíamos enfatizar mucho más lo que Pablo está enseñando aquí: la manera en que el Espíritu Santo obra en *nuestras vidas y en nuestro carácter*, para que seamos el tipo de personas que manifiestan el fruto del Espíritu. Es ciertamente muy irónico y trágico si los que hablan con más vehemencia sobre los *dones* del Espíritu dan poca muestra del *fruto* del Espíritu.

Por supuesto que el peligro opuesto también está presente: que nos preocupemos tanto por evitar los problemas que surgen en torno al

Espíritu, que lo descuidamos por completo. Algunas personas quieren enfatizar la Palabra, en lugar del Espíritu. Pero ello sería crear una falsa dicotomía, y no sería fiel a la enseñanza del apóstol Pablo.

El movimiento de Lausana tuvo su Tercer Congreso sobre Evangelización Mundial en Ciudad del Cabo, en octubre del 2010. Allí se redactó el «Compromiso de Ciudad del Cabo: Una confesión de fe y un llamado a la acción». Me gusta mucho cómo enfatiza la importancia del Espíritu Santo y la Palabra de Dios en la vida cristiana en general y en nuestra misión en el mundo en particular. Vale la pena citar algunos de sus párrafos para enfatizar este punto. Vale la pena prestar atención a cómo estas declaraciones enfatizan la importancia de nuestro carácter y comportamiento, que se expresan de manera práctica en la manera en que vivimos y servimos a Dios en nuestras vidas, y como obras tanto del Espíritu como de la Palabra de Dios.

Primeramente, aquí hay algo de lo que dice sobre el Espíritu Santo:

> Amamos al Espíritu Santo dentro de la unidad de la Trinidad, junto con Dios el Padre y Dios el Hijo. Él es el Espíritu misionero enviado por el Padre misionero y el Hijo misionero, que imparte vida y poder a la Iglesia misionera de Dios. Amamos al Espíritu Santo y oramos por su presencia porque, sin el testimonio que el Espíritu da de Cristo, nuestro propio testimonio es vano. Sin la obra de convicción del Espíritu, nuestra predicación es vana. Sin los dones, la guía y el poder del Espíritu, nuestra misión es mero esfuerzo humano. Y, sin el fruto del Espíritu, nuestras vidas poco atractivas no pueden reflejar la belleza del evangelio (ccc I.5).

A continuación, algo de lo que dice acerca de la Palabra de Dios. La sección titulada «Amamos la Palabra de Dios», incluye tres párrafos titulados: «La Persona que la Biblia revela»; «La historia que la Biblia cuenta»; y «La verdad que la Biblia enseña». Y luego continua de esta manera (las notas al pie de página son parte del documento original):

> *La vida que la Biblia requiere.* «Muy cerca de ti está la palabra, en tu boca y en tu corazón, para que la cumplas». Jesús y Santiago nos llaman a ser hacedores de la palabra y no tan

solamente oidores.[18] La Biblia retrata una calidad de vida que debería distinguir al creyente y a la comunidad de los creyentes. De Abraham, Moisés, los salmistas, los profetas y la sabiduría de Israel, y de Jesús y los apóstoles, aprendemos que este estilo de vida bíblico incluye la justicia, la compasión, la humildad, la integridad, la veracidad, la castidad sexual, la generosidad, la bondad, la abnegación, la hospitalidad, la pacificación, el no tomar represalias, el hacer el bien, el perdón, el gozo, el contentamiento y el amor; y todas estas cosas deben estar combinadas en vidas caracterizadas por la adoración, la alabanza y la fidelidad a Dios.

Confesamos que decimos fácilmente que amamos la Biblia, sin amar la vida que ella enseña: la vida de esforzada obediencia práctica a Dios a través de Cristo. Sin embargo, "no hay nada que con mayor elocuencia respalde al evangelio que una vida transformada, ni nada que lo desacredite tanto como una vida inconsistente con aquél. Se nos ha ordenado comportarnos de una manera digna del evangelio de Cristo, y aun «adornarlo» resaltando su belleza por medio de vidas santas".[19] Por lo tanto, por el bien del evangelio de Cristo, nos comprometemos nuevamente a demostrar nuestro amor por la Palabra de Dios creyéndola y obedeciéndola. No existe misión bíblica sin una vida bíblica (CCC I.6.D).

---

[18] Deuteronomio 30.14; Mateo 7.21-27; Lucas 6.46; Santiago 1.22-24.

[19] *El Manifiesto de Manila*, párrafo 7; Tito 2.9-10.

Epílogo

Comenzamos este libro con aquella oración de toda una vida de parte de John Stott. Y terminamos con algunas citas del último sermón que predicó, en la Convención de Keswick, en julio del 2007. Posteriormente, él incluyó ese sermón en su último libro, *El discípulo radical*. Su tema era la semejanza con Cristo y, de manera apasionada, predicó que la voluntad suprema de Dios es que todos los creyentes cristianos lleguemos a ser cada vez más Cristo.

Stott sostuvo que debemos ser como Cristo en su encarnación (Fil 2), en su servicio como esclavo (Jn 13), en su amor de entrega total (la cruz), en su resistencia al sufrimiento (1P 2.21), y en su misión (Jn 17.18; 20.21).

Y luego continuó con el siguiente tema:

> *La semejanza con Cristo y el desafío de la evangelización*
> ¿Por qué ocurre con frecuencia que nuestros esfuerzos de evangelización sucumben al fracaso? Podemos dar varias razones… pero una de las razones principales es que no nos parecemos al Cristo que proclamamos… Un profesor hindú dijo una vez, al identificar a uno de sus alumnos como cristiano: «Si ustedes los cristianos vivieran como Jesucristo, mañana mismo India estaría a sus pies».

Finalmente, John Stott arribó a la pregunta respecto a cómo podemos parecernos más a Jesús, y su respuesta se conecta con su oración diaria, y con todo este libro.

> *La semejanza con Cristo y la llenura del Espíritu*
> He hablado mucho acerca de la semejanza con Cristo, pero ¿cómo resulta posible? Es evidente que no lo es por nuestras

propias fuerzas, pero Dios nos ha dado su Espíritu Santo para ayudarnos a cumplir su propósito.

William Temple solía ilustrar este concepto, recurriendo a Shakespeare:

No sirve de nada que me entreguen una obra como Hamlet o El rey Lear, y me digan que escriba una obra similar. Shakespeare podía hacerlo; yo no puedo.

Tampoco sirve de nada mostrarme una vida como la que vivió Jesús, y decirme que viva de esa manera; Jesús podía hacerlo; yo no puedo.

Pero si pudiera venir el genio de Shakespeare y viviera en mí, entonces yo podría escribir obras como la de él.

Y si viniera el Espíritu de Jesús a vivir en mí, entonces yo podría vivir como él vivió.

El propósito de Dios es hacernos semejantes a Cristo, y la manera de hacerlo es llenarnos con su Espíritu Santo.[20]

Quizá la mejor manera de concluir sea con un canto-oración escrito por Albert Orsborn, que combina el anhelo de ser como Jesús con el trabajo del Espíritu Santo.

Que lo bello de Jesús se vea en mí
Toda aquella pureza y compasión
Oh Espíritu refina mi corazón
Hasta que el bello Jesús se vea en mí.[21]

---

[20] John Stott, *El discípulo radical* (Certeza Unida, 2010), pp. 36-37.

[21] Nota del editor: Antiguo himno escrito por Albert Orsborne (s.f.) cuya traducción no hemos podido ubicar. Por ello, ofrecemos una traducción *ad hoc* que refleja el endecasílabo original.

Sociedad Langham

La Sociedad Langham es una comunidad mundial que trabaja con el ánimo de cumplir la visión que Dios le encomendó a su fundador, John Stott, consistente en:

facilitar el crecimiento de la iglesia en madurez y en semejanza a Cristo elevando los niveles de predicación y enseñanza bíblicas.

Nuestra visión es ver que las iglesias en el mundo mayoritario estén equipadas para la misión y creciendo hacia la madurez en Cristo a través del ministerio de sus pastores y líderes, quienes creen, enseñan y viven por la Palabra de Dios.

Nuestra misión es fortalecer el ministerio de la Palabra de Dios:
- ➤ fortaleciendo movimientos nacionales de predicación bíblica;
- ➤ favoreciendo la creación y distribución de literatura evangélica; y
- ➤ elevando el nivel de la educación teológica evangélica, especialmente en países donde las iglesias carecen de recursos.

Nuestro ministerio

Langham Predicación se asocia con líderes nacionales que estimulan movimientos locales de predicación bíblica para pastores y predicadores laicos en el mundo entero. Con el apoyo de un equipo de capacitadores provenientes de diversos países, se desarrolla un programa de seminarios a diversos niveles que proveen capacitación práctica, al cual le sigue un programa que busca formar facilitadores locales. Los grupos locales de predicación (escuelas de expositores) y las redes nacionales y regionales se encargan de dar continuidad a los programas e impulsar su desarrollo ulterior con el fin de construir un movimiento vigoroso comprometido con la exposición bíblica.

Langham Literatura provee a los pastores, seminarios y académicos del mundo mayoritario libros evangélicos y recursos electrónicos mediante becas, descuentos y mecanismos de distribución. El programa también auspicia la producción de literatura evangélica para pastores en diversos idiomas a través de talleres para escritores y editores, respaldo a la tarea literaria, traducciones, fortalecimiento de casas editoriales evangélicas e inversiones en proyectos regionales de literatura, tales como el *Comentario Bíblico Contemporaneo*.

Langham Becas provee apoyo financiero para estudiantes evangélicos a nivel doctoral provenientes del mundo mayoritario, de tal manera que, una vez que regresen a sus países, puedan capacitar a pastores y otros líderes cristianos brindándoles una sólida formación bíblica y teológica. Éste es un programa que equipa a quienes van a equipar a otros. *Langham Becas* trabaja igualmente con seminarios del mundo mayoritario fortaleciendo su educación teológica. Un número creciente de académicos de *Langham Becas* estudia en programas doctorales de alta calidad en reconocidos centros del mundo mayoritario. Además de formar la siguiente generación de pastores, los graduados de *Langham Becas* ejercen una influencia significativa a través de sus escritos y liderazgos.

Para obtener más información sobre la *Sociedad Langham* y el trabajo que desarrollamos visítenos en www.langham.org.

www.ingramcontent.com/pod-product-compliance
Lightning Source LLC
La Vergne TN
LVHW010526200726
843506LV00013B/2719